JN061552

水産学部・畜産学部・森林科学部

佐藤成美

ぺりかん社

はじめに

大学にはたくさんの学部や学科があって、いったいどこで何が学べるのかを調べるのは難しいものです。どこの大学に行こうか、何を学ぼうか、さらには将来どんな仕事をしたいんだろうと進路に迷っている人も多いことでしょう。

この本で取り上げた水産学部、畜産学部、森林科学部は農学の一分野ですが、それぞれ特徴があります。農学は、私たちの食を支える身近な学問で、農作物をつくる農業、畜産物をつくる畜産業、海や河川などで魚介類をとる水産業、木材を生産する林業というように、それぞれの産業を発展させるためにできました。

そして、それぞれの分野の技術や知見をより深めることができるのが、この本で紹介する水産学部・畜産学部・森林科学部です。

これらの学部での学びは、農業などの一次産業を支えるのが目的でしたが、今は学びの範囲がどんどん広がっています。経済から環境、国際問題があれば、最先端の生命科学や健康や医療に関することも取り扱います。さらにどの学部もフィールドに出て、たくさんの実習をします。

ですから、自然が好きな人、動物や魚、植物など生物の好きな人、食に興味がある人、そんな人にピッタリです。また、この本を読んでこれらの学部に興味をもった人は、ぜひチャレンジしてみましょう。

ただ、大学に入るには、どうしても受験という山をこえなければなりません。とても大変なことですが、大学でこんなことを学べるんだ、こんな生活が待っているんだ、そして、将来こんな夢を実現できるんだということがわかると、勉強のはげみになりますよね。

大学に入れば、たくさんのことが学べますし、いろいろな人にも出会えます。また、大学は高校までと違って、自由な時間がたくさんあります。その時間をどう使うかは、自分の意志で決めることができるのです。充実した大学生活を送るためには、今からじっくりと自分の将来像を考えておきたいもの。また、いろいろなことに一生懸命取り組んでおくと、大学生活や夢の実現にも役に立ちますよ。自分の可能性を信じて、がんばってくださいね。

著者

水産学部・畜産学部・森林科学部　目次

1章 水産学部について教えてください

2章

畜産学部について教えてください

3章

森林科学部について教えてください

4章 水産学部・畜産学部・森林科学部をめざすなら何をしたらいいですか？

＊本書に登場する方々の所属・情報などは、取材時のものです。

1章

水産学部について教えてください

Q1 水産学部は何を学ぶところですか？

水産学を学ぶ

水産学部や海洋科学部では、主に水産学を学ぶ。みんながよく知っているように日本は海に囲まれた国だ。そこで、古くから魚や貝、海藻などたくさんの海の恵みを利用して、暮らしてきた。このような水産業を支える学問として発展してきたのが水産学だ。つまり、どんな魚がいるか、魚をどうやってとるか、魚をどうやって殖やすか、魚をどうやって食べるか、魚のいる海をどうやって守るかといったことを学び、研究するんだ。魚介類などの水産資源を利用するための学問で、対象は海だけでなく、河川や湖など淡水域も含む。学問としては、魚をとる「漁業学」、魚を育てたり、殖やしたりする「水産増殖学」、水産物の加工や保存をする「食品生産化学」の分野に大きく分類できるよ。

水産学は水産業を中心とした学問だったが、海を中心に人類が自然と共生するための科学、生命や食料、環境にかかわる学問へと分野が広がってきた。水産業というよりは海など水域の食料生産から環境保全までを対象とした幅広い学問になってきているんだ。そのため、かつては水産学部と呼んでいた学部も海洋科学部、海洋生命科学部といったように名称が変更されている。

また、**水産学と似た学問に海洋学というものがある。**海洋学は、海洋にいる生物、海流など海洋の現象、海洋の地質などを研究する、地球科学の一分野だ。海洋学は、水産学部や海洋科学部でも学ぶことはできるが、理学部や工学部にも学べるところがたくさんある。どちらかといえば、水産学は農学の一部分で得られた知見を生活に応用するという実践的に研究する分野、海洋学は理学の一部分で基礎的な研究をする分野といえる。

漁業から経済まで

水産学部で学ぶ主な科目には、漁業の幅広い技術に関する「水産資源学」、魚類の養殖や繁殖、品種改良などに関する「水産増養殖学」、水産物の加工や保存などに関する「水産化学」、海の環境に関する「海洋環境学」などがある。これらの科目は、生物学や化学などの知識をもとにした理系の科目だ。水産業の経済的な側面について学ぶ「水産経済学」や、海洋環境を守るための政策を学ぶ「海洋政策」など文系の科目もあるよ。

扱う生物の種類は魚類だけでなく、貝類、エビやカニ、海藻やプランクトン、それにクジラなどの哺乳類と幅広い。

また、実験や実習も多い。基礎的な化学や生物の実験もあれば、遺伝子を扱うバイオテクノロジーの実験もある。一方で漁船に乗り込む乗船実習、かまぼこなど水産加工品をつくる製造実習、海に行って生物を採集したり、観察したりする実習、海などの水質調査などは水産学部ならではの実習だ。漁場や水産加工場、水族館などを見学する実習もある。

研究も幅広い

大学にはいろいろな研究室があり、幅広い研究が行われているよ。魚好きの人なら、遺伝子技術を用いた品種改良、魚の病気を治すワクチンの開発に興味があ

主な学部の系統別分類

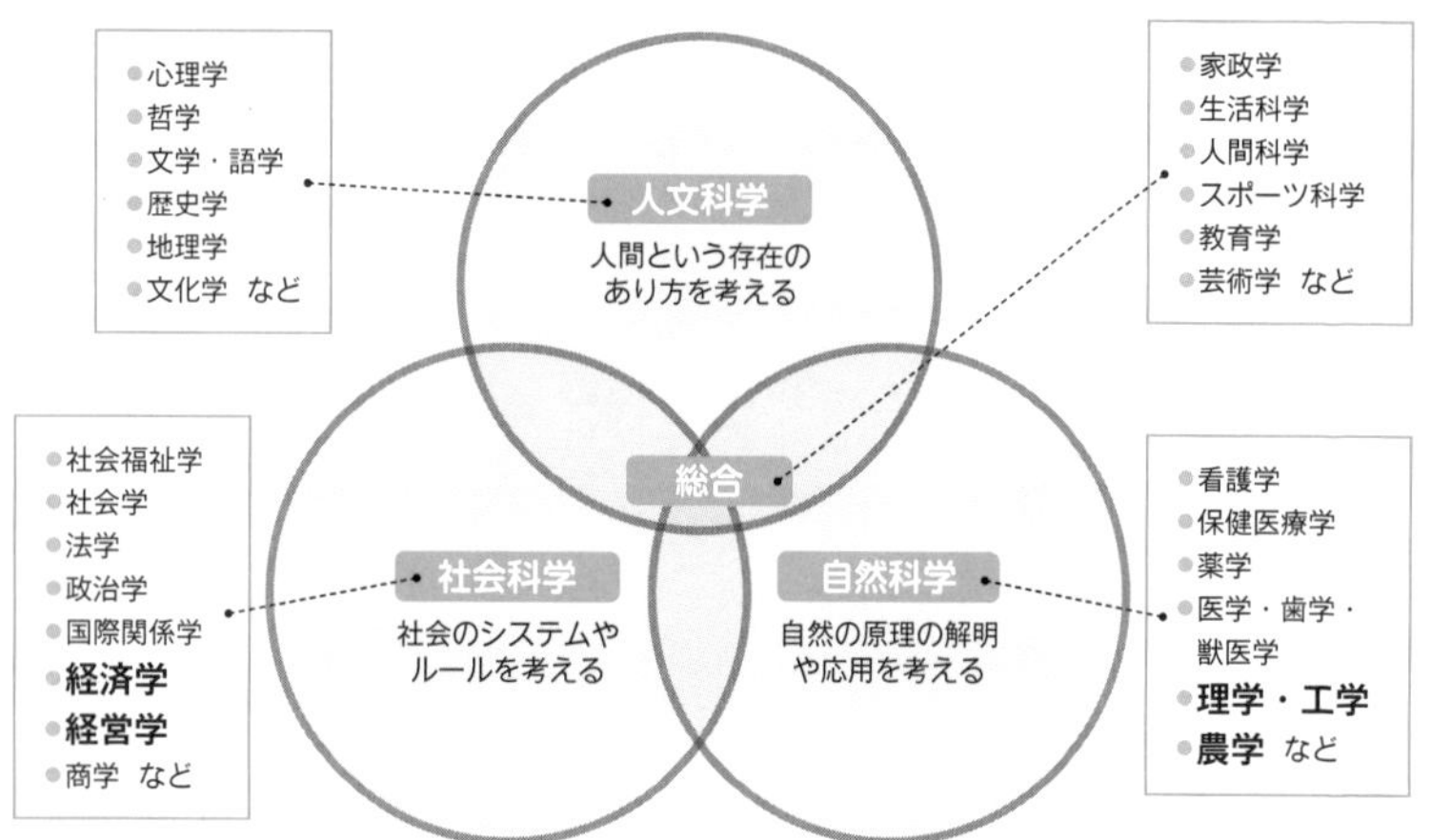

※黒の太字は、水産学部に関連のある学部だよ！

るかもしれない。話題になった研究に、サバにマグロの卵を産ませる「代理親魚技術」なんていうものがある。生物の体内には精子や卵子などの生殖細胞のもとになる生殖幹細胞がある。そこで、マグロの生殖幹細胞をサバに移植し、「マグロの生殖細胞をつくるサバ」を開発した。サバにつくらせたマグロの精子と卵を人工授精することでマグロが誕生するというものだ。サバからマグロが生まれるなんてびっくりするね。激減しているマグロの保護や漁業の効率化につなげるのが目的なんだよ。

漁場など海洋環境を知るには、海流や水質などを調べる。広い海の調査には海洋ロボットの活躍が期待される。**水産学部でも工学系の分野があり、海洋ロボットの開発が行われている。**また、バイオロギングという小型の記録計を水中の生物につけて、行動を調査するといった研究もある。

漁業に関するものでは、漁業や海洋の問題の分析、環境にやさしい漁具や漁法の開発、AI（人工知能）を活用した漁業データの収集や解析などの研究が行われているよ。食品分野では、深海魚などまだあまり利用されていない水産資源の有効利用の研究などもある。

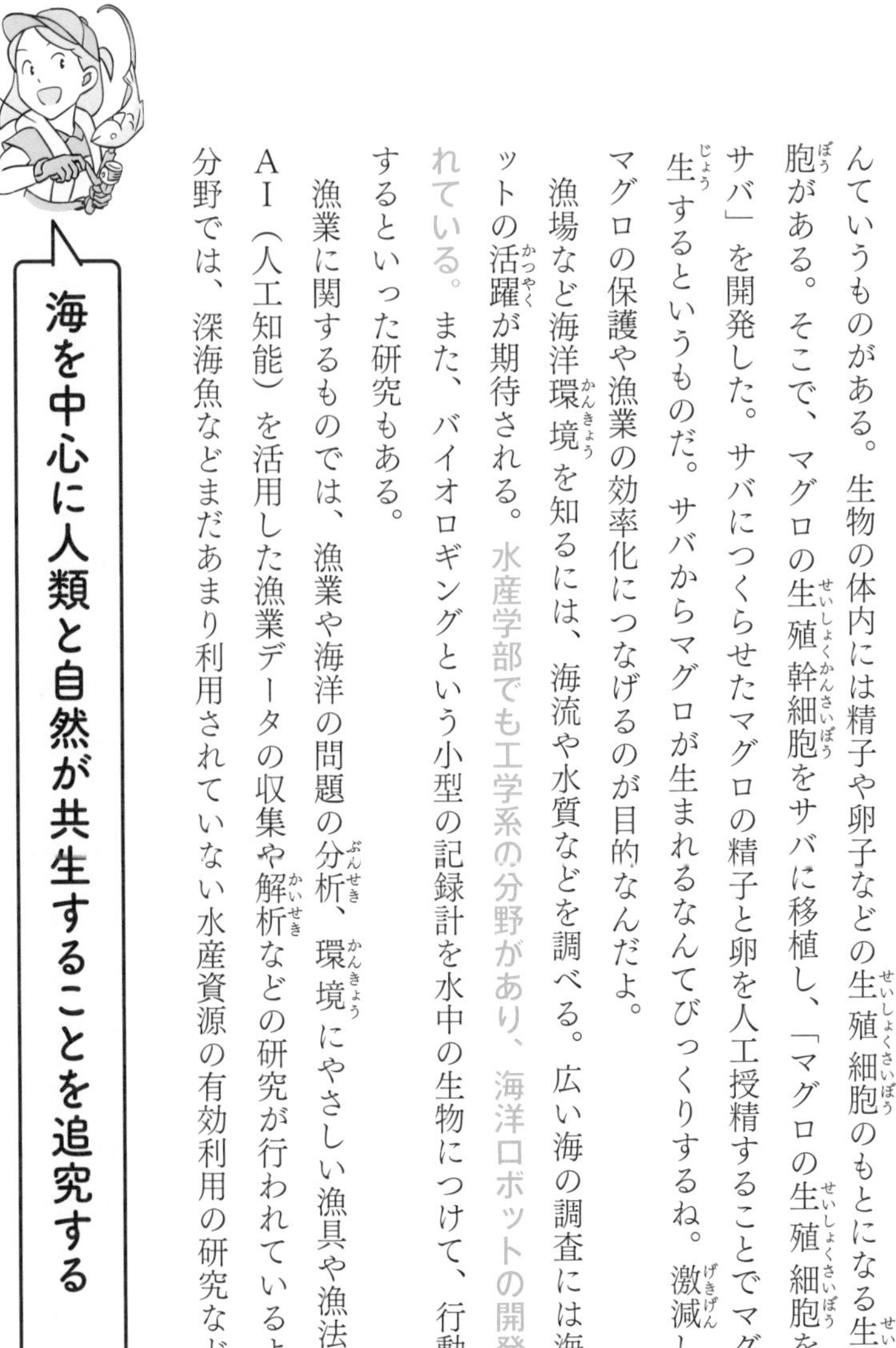

海を中心に人類と自然が共生することを追究する

Q2

どんな人が集まり、学んだことをどう社会で活かせますか？

基本的には海が好きな人

海の近くで育ち、小さな頃から海に親しんできた人もいれば、海のないところで育ち、海にあこがれをもっている人も多い。大学には海洋系のサークルがたくさんあるし、活動も活発だ。サークルで仲間をたくさんつくる機会もあるよ。マリンスポーツのサークルもあるので、大学に入ってスキューバダイビングを始めた人もいる。海好き同士で情報の交換も頻繁にできるんだ。海の調査のアルバイトや海のイベントに行く機会も得られる。勉強だけでなく、いろいろな視点から海と接することができるよ。

・魚が好きな人

魚が好きといっても、魚を見ることが好き、魚を食べることが好き、魚を釣ることが好き、魚を飼うのが好きと興味の対象はさまざまだ。だが、魚好き同士なので初対面でもすぐに気が合い、仲良くなれる。マニアックな人も多いので話を聞いているだけで、たくさ

んの知識を得ることができるし、刺激も受けられるよ。いっしょに水族館や釣りに行ったりすることもできる。夏休みなど長期の休みには思い切って離島に出かけ、ふだん見ることのできない魚にゆっくりと向き合うことも。

・イルカやクジラなど海の生き物が好きな人

魚類だけではなく、イルカやクジラ、シャチ、カメなど海の生き物が好きな人も集まってくる。水産系の多くの大学では、イルカやクジラなど水産動物学の授業もあり、研究室もあるので、それをめざしてくる人も多い。海の生き物が好きな人が集まったサークルなどもある。たとえば、クジラ好きが集まり、クジラへの熱い思いを胸に、研究や保全活動を行っているよ。

・食べることが好きな人

水産学部には食品加工学など食品に関する授業や実習が多いので、**食べることが好きな人も集まってくる。**好きな人同士で、休み時間に食べ物の話に花を咲かせたり、食べ歩きをしたりすることが多い。

・環境問題や資源に関心のある人

海洋環境について専門性の高い授業が多いので、環境やエネルギーなどの問題に関心のある人も集まってくる。

食や環境の課題解決を求められている

魚介類など水産資源は私たちの食生活に欠かせない。ところが、近年では乱獲などによる漁獲高の減少が懸念されている。水産資源を安定に供給し、なおかつ環境保護のバランスをどうとるのかが、大きな課題なんだ。また、同時に豊かな食生活を維持するためにも水産物の品質を高めることが求められている。このような課題に対して、水産学部で学んだ人の活躍が期待されているよ。

・海や川、湖などの水産資源を持続的に利用する

日本は世界でも有数の魚の消費国だ。が、日本ばかりでなく、海外でも魚食の人気が出ており、世界の漁獲量が増えている。ＦＡＯ（世界食糧農業機関）によるデータでは、世界の水産資源の3分の1近くはとりすぎの状態で、適切な管理が必要とされている。漁業に関するさまざまな国際ルールはあるが、まだ十分とは言えないんだ。豊かな海の恵みを守るために、水産資源を適切に管理することや、水産資源を増やす努力が重要だ。

・海や川、湖などの生き物や環境を守る

漁業や環境汚染の影響で、海に生きる生物への影響が懸念されている。たとえば、底引き網漁業の影響で、海の底にいるサンゴが傷つけられること、マグロ延縄漁業の影

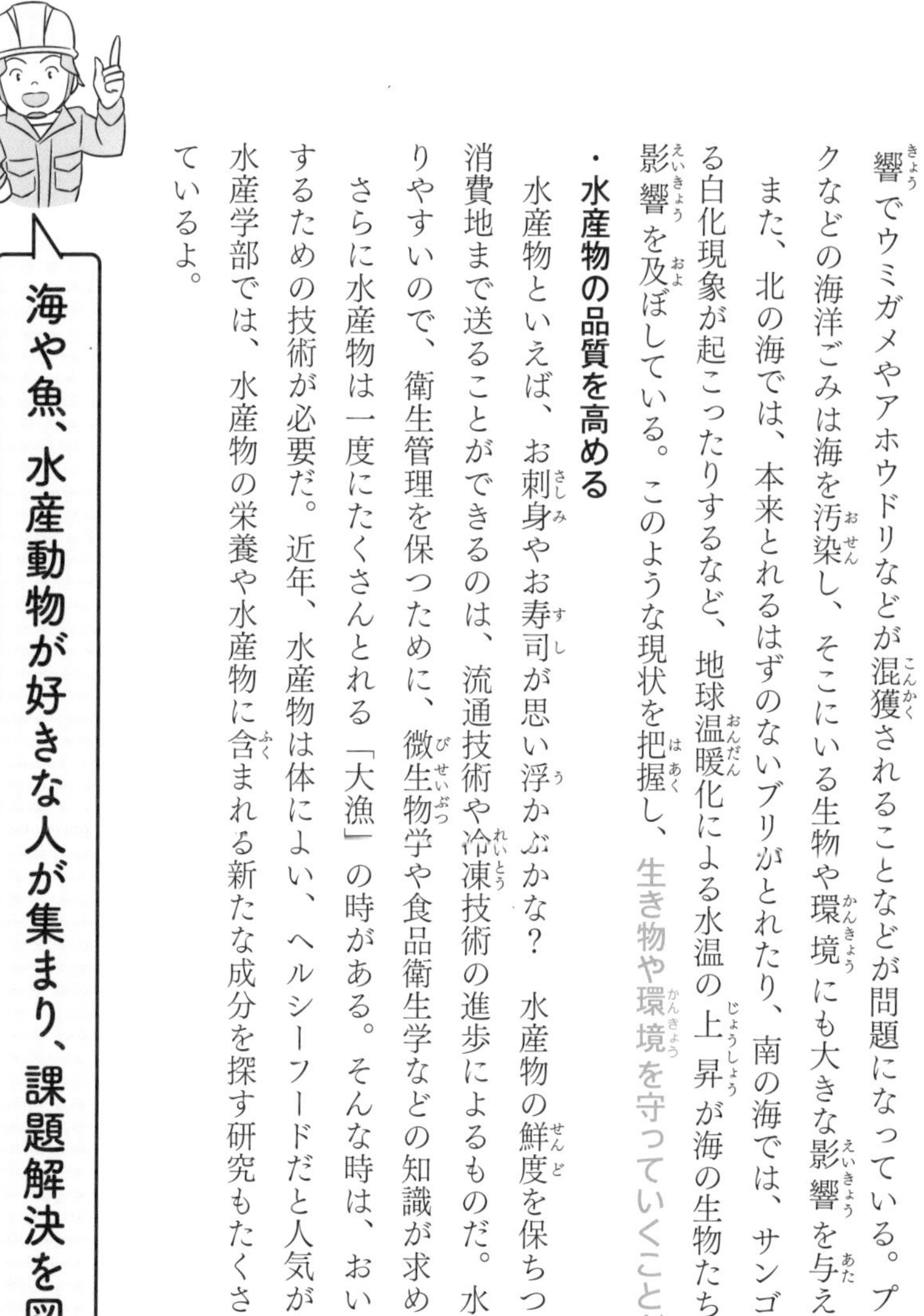

響でウミガメやアホウドリなどが混獲されることなどが問題になっている。プラスチックなどの海洋ごみは海を汚染し、そこにいる生物や環境にも大きな影響を与えるよ。
また、北の海では、本来とれるはずのないブリがとれたり、南の海では、サンゴが白くなる白化現象が起こったりするなど、地球温暖化による水温の上昇が海の生物たちに大きな影響を及ぼしている。このような現状を把握し、**生き物や環境を守っていくことが必要だ。**

・水産物の品質を高める

水産物といえば、お刺身やお寿司が思い浮かぶかな？　水産物の鮮度を保ちつつ、遠い消費地まで送ることができるのは、流通技術や冷凍技術の進歩によるものだ。水産物は腐りやすいので、衛生管理を保つために、微生物学や食品衛生学などの知識が求められるよ。

さらに水産物は一度にたくさんとれる「大漁」の時がある。そんな時は、おいしく加工するための技術が必要だ。近年、水産物は体によい、ヘルシーフードだと人気が高いんだ。水産学部では、水産物の栄養や水産物に含まれる新たな成分を探す研究もたくさん行われているよ。

Q3

主にどんな学科がありますか？

「水産」や「海洋」とついていなくても、学べる学部や学科がある

　水産学を学べるのはまず、水産学部や海洋科学部、海洋生命科学部、海洋生物資源学部、農林海洋科学部、海洋学部などの学部があげられる。また、学部の名前に水産や海洋がついていなくても、生物資源学部、生物生産学部などの学部でも学べるよ。農学部の中にも水産学科や水産システム学コース、生物産業学部に海洋水産学科があるなど、農学系の学部の中に水産が学べる学科が含まれている。水産学を学べる大学は全国にあるので、自分の希望する場所にはないとあきらめずに探してみよう。

　先に述べたように水産学で主に学ぶことは、「水産資源学」、「水産増養殖学」、「水産化学」、「海洋環境学」の領域があり、この領域ごとに学科が分かれている場合や、専攻やコース制を採用している場合が多い。水産経済学や海洋政策など、文系の専攻やコースが設定されている大学もある。

水産資源学系の学科

海洋生物資源学科、海洋生物資源科学科などがあり、水産資源を適切に利用していくための学問である水産資源学を中心に学び、研究するよ。

漁業を続けていくためには、すなわち魚類などの水産資源をずっと利用していくには、適切に利用し、管理することが求められる。資源管理をするためには資源の調査や資源の評価をするんだ。そのために生物の個体だけでなく、群れや生態系までの知識が必要だ。また、多くの調査データを解析するためには、統計や数学の知識も欠かせない。そこで、生物や物理、工学、経済学などの基礎科目や、水産資源学や漁業学、システム学などの専門科目を学ぶ。漁獲量の減少など、水産資源にかかわる問題をさまざまな視点から解決できる人材を養うことをめざしている。

水産増養殖学系の学科

先端増養殖学科、増殖生命科学科など、「魚を育てる、殖やす」水産増養殖学を中心に学ぶ。水産生物について学びたいなら、ずばりこの学科だ。

水産生物にはまだ多くの謎がある。生殖などの生命現象を解明し、水産資源を増やすことをめざす。魚類や藻類、哺乳類などあらゆる水産生物について、それに、遺伝や代謝、生理、育種、病気など生命科学の基礎もじっくりと学ぶ。さらに遺伝子組み換え技術、受精卵操作、ゲノム解析などバイオテクノロジーの先端技術も学ぶよ。

海洋環境学系の学科

海洋環境学科などがあり、**海洋環境と生物のかかわりを学ぶ**。そのための基礎科目として、物理や化学、生物、地学などを学び、さらに海洋学、海洋生態学などの専門科目を学ぶ。統計や情報科学も勉強し、学んだことを海洋環境や海洋生物の調査や解析、保全のための科学や

水産学を学べる学部

- 水産学部
- 海洋科学部
- 海洋生命科学部
- 海洋生物資源学部
- 農林海洋科学部
- 海洋学部
- 生物資源学部
- 生物生産学部　など

水産学を学べる学科やコース

- 水産学科
- 海洋水産学科
- 水産システム学コース
- 海洋生物科学コース
- 水圏生物科学コース
- 海洋生物生産学コース
- 動物生産科学コース
- 水圏科学分野　など

水産・海洋など理系学科が主だが、文系寄りの学科もある

技術に発展させることをめざしているんだよ。

水産経済系の学科

海洋政策文化学科など法律や経済、スポーツなどさまざまな視点から、海と人とのあり方を考える。国際的な海洋問題を理解し、解決を図ることのできる人材を養うのが目的だ。

法律学や経済学、経営学、人文学などとともに、水産経済学、水産利用学、生物学など水産学について学ぶ。理系、文系問わず幅広く海について学べる。研究テーマには、漁業や海洋問題の分析などがある。

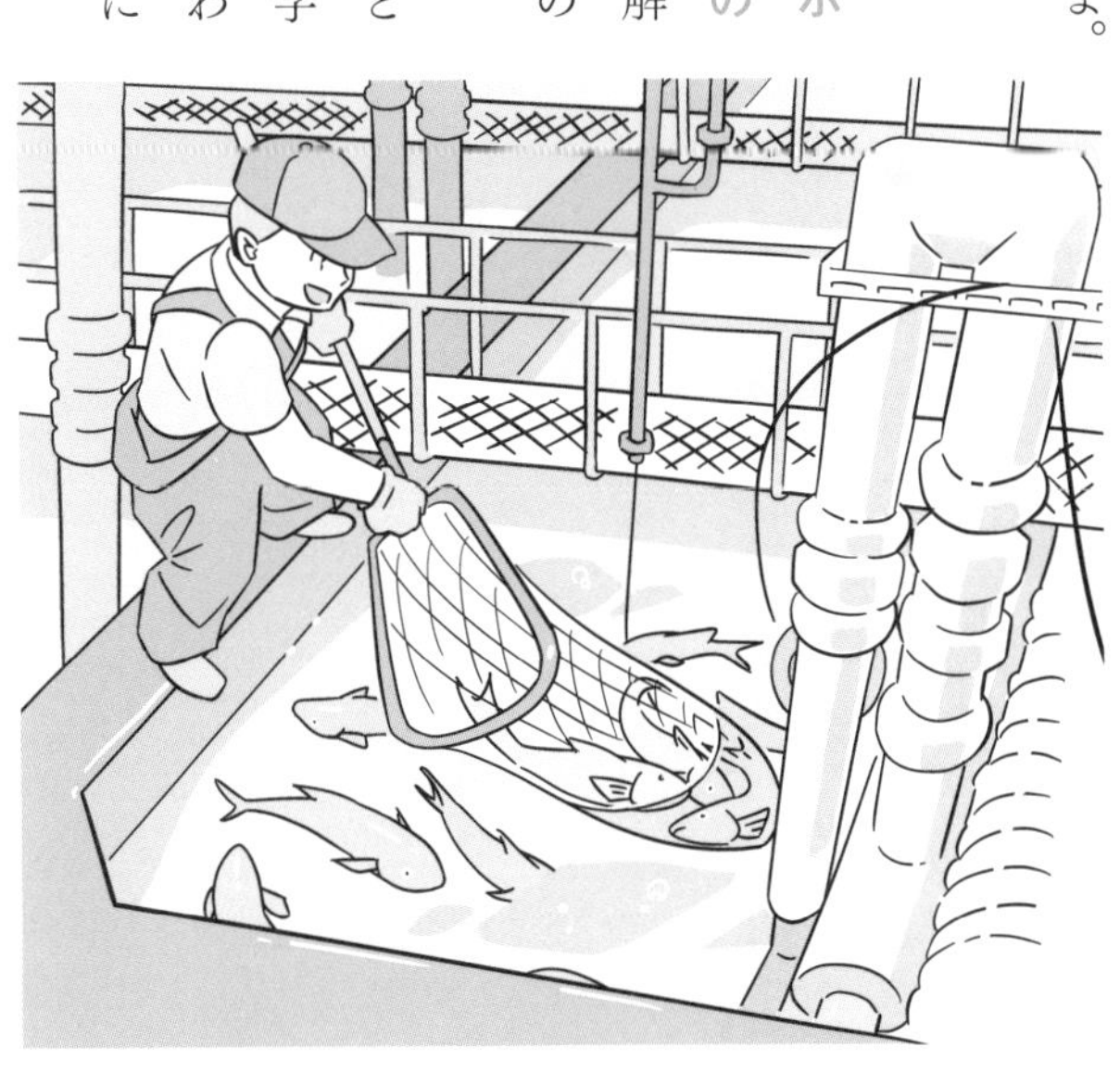

Q4

ならではの授業や授業外活動は何がありますか？ また、どんな人や世界にふれられますか？

海や魚について深く学ぶ

水産学部では海や魚に関する授業がたくさんある。その例をあげてみよう。

水産生物の生態や分類を学ぶ授業には、魚類学や水産動物学、水産植物学などがある。

魚類学は、読んで字のごとく、魚類に関する学問だ。サメやエイなどの軟骨(なんこつ)魚類から、ヌタウナギやヤツメウナギなど原始的な魚類まで広く取り扱(あつか)う。水産動物学では魚類に加え、イカやタコなど無脊椎(むせきつい)動物やクジラなどの哺乳類(ほにゅうるい)まで、さらに扱(あつか)う生物の種類が広がる。水産植物学では、ワカメやコンブのような藻類(そうるい)やアマモなどの海草など、海の植物について学ぶ。理学部でも同様な科目はあるが、水産学部ではかなり掘(ほ)り下げた内容になる。

水産資源学や水産資源管理学は、水産資源を適切に利用していくための学問だ。漁業学や統計学、生態学などを基盤(きばん)にして、水産資源をどうやって守るのか、どうやって乱獲(らんかく)を防ぐことができるのかなどを考える。

水産養殖学や水産増殖学は、水産資源を増やすための学問だ。水産生物の発生や生理、形態などの知識をもとに増養殖の技術や保全まで学ぶ。

水産経済学、水産経営学、漁業経営論、水産物流通論などは、経済系の科目だ。水産業を理解し、水産資源の利用や管理の方法、生産や販売、消費の仕組み、法規などを学ぶ。

水産化学や水産加工学は、水産資源を利用するための学問だ。化学や生化学の知識をもとに、食品として利用したり加工したりする方法、水産物の成分やその分析方法、医薬品や工業材料としての利用などについて学ぶ。

海洋環境学などでは、海洋環境と生物のかかわりや、海水の成分など水質、そこにいる生物集団や生態について学ぶ。海ばかりでなく、湖や川などの淡水域についても扱うよ。

乗船を体験

実習が多いのが水産学部の特徴だ。なかでも学部ならではといえば、**乗船実習があげられる。多くの大学には練習船があるので、それに乗り込むんだ。**1泊程度の体験実習から、2週間程度の海洋調査をする実習、1カ月以上航海して、本格的に漁業を実習するものなど内容は大学によっていろいろだ。網を使った漁業体験をしたり、操舵室や機関室など船の内部を見学して、船の操縦の基礎知識や海図の見方を学ぶよ。生物調査では、プランクトンネットと呼ばれる網を用いて海中の生物を採集して、顕微鏡で観察する。船酔いがつらい人もいるが、海の醍醐味にはかなわない。貴重な体験ができることは間違いなしだ。

生物や水質の調査をする実習も多い。海のそばにある研究施設では、臨海実習が行われる。海洋生物を採集し、標本をつくったり、分類したりする。また、ウニの発生を観察するなど内容はさまざま。湖のそばの施設で淡水生物の調査をすることもある。

水産業を理解するために漁業施設や漁場、市場の見学、漁業の体験など、また水産加工実習や水産加工工場の見学、水族館の見学など、さまざまな角度から水産資源や環境について学ぶんだ。

水産学をより深く学び、研究するには、海に出ることが必要だ。そのために必要な技術として、シュノーケリングや潜水の実習も行われる。シーカヤックやスキンダイビングなどマリンスポーツの実習を行うところもある。これらの実習は学内のプールや海で行われ、潜水士などの資格を得ることができれば、海洋生物の研究にも役立つよ。

海に関するサークルが盛りだくさん

水産学部ならではの課外活動といえば、やはり海に関連するものがあげられる。海洋研究会、水産生物研究会など、海や海洋生物を研究するサークル、海洋生物を研究するサークルでもウミガメやクジラなどに特化したものもある。釣りサークルやダイビングのサークルなどもあるよ。

カッター部やボート部、ヨット部、カヌー部など、船を使ったスポーツ活動もさかんだ。カッターとは、大型の船に救命用に搭載される大型の手漕ぎボートのこと。カッター部のある大学は全国で12大学ほどと少ない。海にかかわる水産学部ならではのサークルなんだよ。学内に水族館や博物館のある大学も多い。なかには、学生が展示を企画し、管理もしているミニ水族館のある大学もある。

何かと海にかかわる機会の多い学生生活。そこで出会ったり、お世話になったりするのが地元の漁師さんや船員さんだ。海のすごさや厳しさ、漁業についてなどの貴重な話がたくさん聞けるはずだ。また、海洋の調査や試料採集では、市役所などの水産行政にかかわる人や、漁業協同組合の人などにもお世話になる。海を利用するには多くのルールやマナーがあるので、そこで学ぶことができるんだよ。

海や魚を深く学び、その世界の人とふれあえる

Q5 学生の一日と入学から卒業までの流れを教えてください

授業に実験に大忙し

水産学部に通う3年生の学生のある一日を紹介しよう。

1限の授業が始まるのは9時だけど、少し早く教室に着いたので課題をこなす。3年生になると専門科目の授業や実習が多い。午前中は専門科目の座学の授業。専門科目の勉強はとてもおもしろいのだけれど、用語なども難しくなり気が抜けないよ。

昼休みは学内にある食堂で過ごす。うどんやそば、定食などが手頃な値段で提供される。混んでいる時もあるけど、回転が速いので時間内に昼食を食べ終えられるよ。

午後は3限、4限と2コマ続きの実習。内容によっては5限まで続く日もある。今日は微生物学の実習だ。班ごとの実験が多いが、今回は個人で顕微鏡を使って海の中にいる微生物を観察し、スケッチをする。ミクロの世界は不思議がいっぱいだ。

16時半の定刻通りに実習が終わると、レポートをどうやってまとめようかなど、考える

間もなく、アルバイト先の学習塾へ向かう。アルバイトが終わり21時過ぎに帰宅。遅い夕飯を食べて就寝だ。

海にどっぷりの4年間

4月に入学すると、まずはオリエンテーションや健康診断がある。入学シーズンは、部活やサークルの勧誘もあちらこちらでやっていて、学内がにぎやかだ。**サークルには、釣り部、魚や海に関するものが目につくのも水産学部の特徴だ。**オリエンテーションでは、実際に船に乗ったり、魚の話を聞いたりすると水産学部に入学したんだという実感がわく。

1週間くらいすると、いよいよ授業が始まる。緊張した新入生があちらの教

3年生の充実した一日

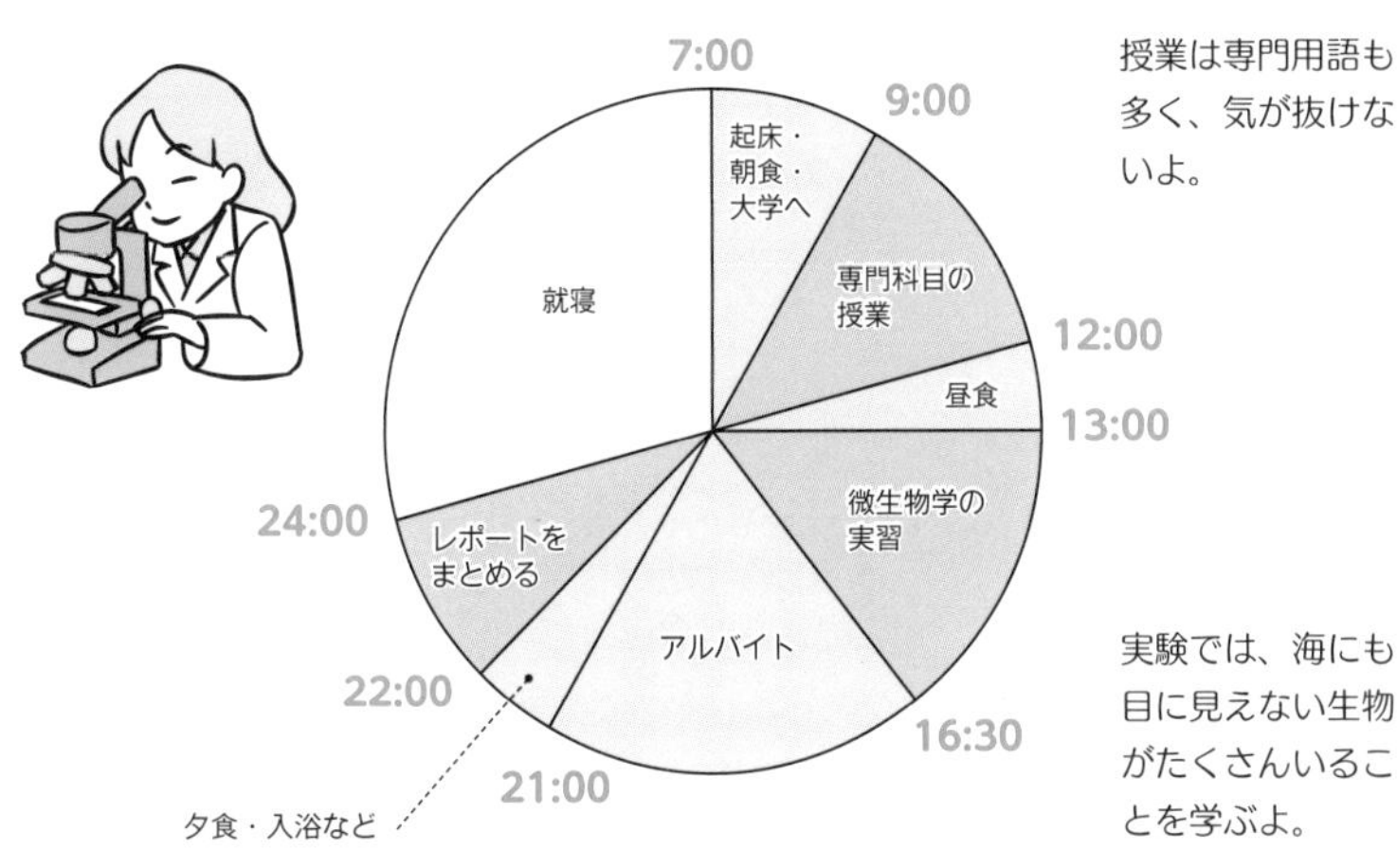

室、こちらの教室と移動しているようすが見られる。学科により内容は異なるが、1年生は基礎科目や総合科目が中心だ。英語などの語学、それにほかの理系の学部や学科と同じように生物や化学、数学などの基礎科目を勉強する。

また、1年生全員の共通科目として、水産系の総合科目を学ぶ。**水産や海洋の各分野における基礎的な知識を学ぶんだ。**海や川、魚について、また水産業の現状まで広く学び、水産学とは何かを理解する。漁業の方法や水産生物の生態など、今まで聞いたことのない内容や用語がたくさん出てきて、最初はとまどうかもしれないね。

7月には学期末試験が行われる。大学

入学から卒業まで

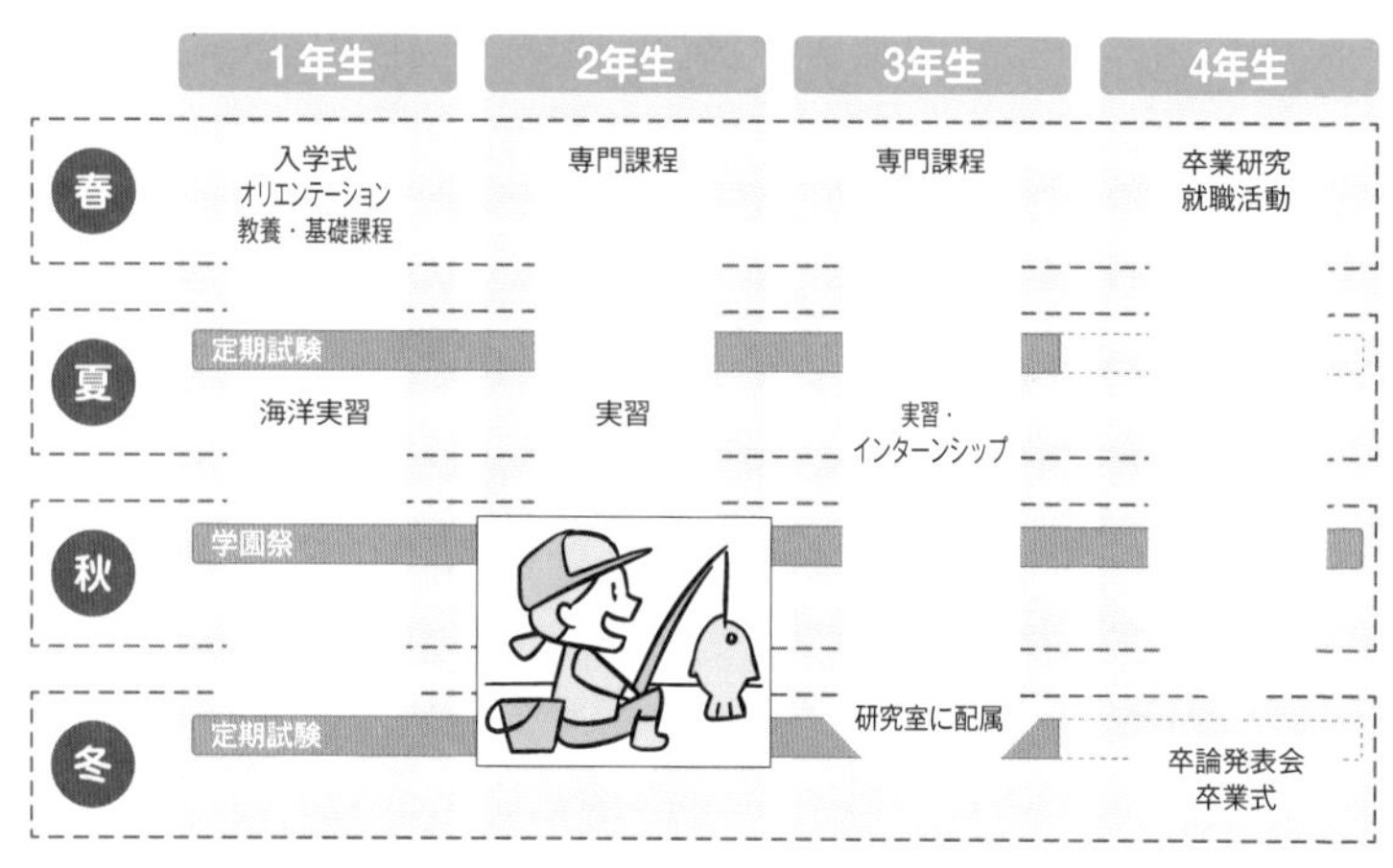

の試験は、中学や高校の試験と異なり、論述や記述で答えるものも多い。はじめは、どうやって勉強しようかと心配な学生も多い。そんな時は、サークルの先輩に聞いてみよう。きっとアドバイスをくれるはずだ。学期末にはレポートの締め切りも多く大忙しだが、それを乗り越えれば、約2カ月の夏休みが待っている。夏休みに泊まりがけの海洋実習が行われることもある。秋には海と魚が盛りだくさんの学園祭だ。

実習、実験と海にどっぷりの4年間だ

2年生、3年生となるほど専門科目が増え、実験や実習も増えるので忙しさは増す。ただ、学生同士でいっしょに海や釣りに行ったりと絆は強くなり、海の世界にどっぷりとつかることができる。3年生の終わりには、各研究室に配属され、卒業研究を行う。

4年生の前半は就職活動や進学の準備で忙しいが、秋ぐらいになると落ち着いて研究に集中できる。ときには海のそばにある大学の飼育施設に泊まり込んで実験をすることもあり、朝から晩まで魚や海とともに過ごす。2月には卒論発表会があり、論文を提出して卒業だ。4年間はあっという間だね。

Q6 就く仕事と取れる資格を教えてください

水産会社や食品会社が多い

水産学部を卒業すると、水産会社や食品会社に就職する人が多い。水産会社は水産物を取り扱う会社で、会社の規模により多少の違いはあるけれど、水産物の調達から流通、加工まで行う。かつては、大きな漁船をもち、世界の漁場で漁業を行っていたが、今は規模が縮小され、水産物の輸入や加工などに力を入れているんだ。そうはいっても水産会社は世界の海にネットワークを広げているので、有数のグローバル企業でもある。だから、海外で仕事をしている人もたくさんいるんだよ。

また、水産加工に限らず冷凍食品や即席めんなどさまざまな食品の開発や製造にも力を入れている。もとは水産物の輸入などをしている会社だったが、今は食品の製造や開発に力を入れている食品会社もある。食品系の学科に限らず、いろいろな学科の卒業生が就職し、企画や開発、営業、製造などの職種で活躍しているよ。

そのほか、造船、環境アセスメント、製薬などの会社をめざす卒業生も多い。さらに、情報処理や流通、金融など幅広い分野へ就職しているよ。

教員や公務員になる人もたくさんいる。中学校や高等学校の理科の先生はもちろん、全国の水産高校や高校の水産科で水産科目を担当する水産の教員になれるのは、この学部の卒業生ならではだね。水産高校では、漁業や水産増養殖などの授業や実習を担当する。大学で学んだことが、活かされる仕事なんだ。

水産関連の地方公務員や農林水産省などの国家公務員の人気は高いが、公務員試験を受けなければならないので、早くから準備が必要だ。そのため、大学によっては公務員試験対策講座などを開講している。

試験に合格して公務員になると、国家公務員では水産庁や全国にある水産研究所などに赴任する。国際的な水産の問題の解決や調整などが重要な仕事だ。また、地方公務員では、役所で水産業の普及や漁業者の支援、海洋環境の保全などに取り組む。一方で各都道府県には、水産にかかわる試験研究、技術の指導や普及などを行う水産試験場がある。そこで活躍している人も多いよ。ただし、特に国立の研究機関で研究職に就くのは難しい。

大学院に進学する人も多いよ。修士課程を経て、一般企業に就職する人や博士課程を修了して、大学や研究所などで働く人がいる。なお、水産系の学部ではあるが、漁師など漁業の仕事に就く人は少ない。

水産系の技術者として活躍

たいていの大学で得られる資格は教員免許だ。教員免許を取るための科目の授業を受けて単位を取れば、理科や水産の中学校・高等学校教諭一種免許状を取得できるよ。

また、授業プログラムが日本技術者教育認定機構（JABEE）から、国際的な基準を満たしていると認定されている大学では、卒業と同時に「修習技術者」になる。これは、技術士の一次試験が免除され、技術士補の資格が与えられたことになる。実務経験を積んで技術士の国家試験に合格すれば、農水産分野の高度

水産学部で取得をめざせる主な資格

- 教職課程を履修すると卒業時に得られる
  理科や水産の中学校・高等学校教諭一種免許状
- JABEE認定課程を修了すると得られる
  技術士補
- 学部卒業後、１年間の専攻科の課程を修了すると筆記試験免除
  三級海技士（航海）
- その他
  学芸員
  食品衛生管理者
  食品衛生監視員
  自然再生士補　など

な技術者として認められる。技術コンサルティングや製造業を営む企業の専門技術職として活躍したり、国際的にも活躍する機会が広がる。一次試験が免除されても、二次試験に合格するのはかなり狭き門だ。エンジニアの最高峰といわれるだけあって、試験は難関だ。

水産系の大学には、大型の船の操縦など乗組員になるための資格である海技士（航海）の養成施設として登録されているところがある。学部を卒業したのち1年間の専攻科の課程を修了すると、国家試験の筆記試験が免除されるんだ。**国家試験に合格すれば三級海技士の資格が得られる。**海技士には、航海、機関、通信、電子通信の4種類があるが、航海は船長や航海士になるための資格なんだよ。一級から六級まであり、級によって乗れる船の大きさが違うんだ。また、どの大きさの船なら船長になれるか、どの海域までといったことも細かく決められている。

そのほか、学芸員、食品衛生管理者や食品衛生監視員、自然再生士補など、取れる資格は大学によって変わるので、確認してみよう。

水産会社や食品会社で活躍する人が多い

海のことならなんでもある学部の学びとは

東京海洋大学
海洋生命科学部　教授
黒瀬光一さん

博士（理学）。大学院修了後、企業や国立の研究所の研究員などを経て、現職。食物アレルギーが引き起こされる現象を、分子レベルで解明しようと挑んでいる。

編集部撮影

生き物から社会まで

東京海洋大学は、海洋にかかわるすべてのものを扱う総合大学です。三つの学部からなり、海洋資源環境学部と海洋生命科学部が東京・品川キャンパスに、海洋工学部が越中島キャンパスにあります。

私が所属する海洋生命科学部では、海、川、湖などの水圏の生き物やその利用、それらにかかわる人の営みについて学びます。

海洋生命科学部には海洋生物資源学科、食品生産科学科、海洋政策文化学科の三つの学科があります。海洋政策文化学科は少々ユニークで、人が海とかかわることで生じる社会科学や文化的な課題に取り組む文系色の濃い学科です。

私は、食物アレルギーやその原因となる物

質（アレルゲン）について研究しています。乳幼児期では、牛乳や卵などが食物アレルギーの原因になることが多いですが、大人になると魚介類や魚卵などの海産物や加工品が原因になることが多いのです。

食品に含まれる成分は、アレルゲンとなる可能性（アレルゲン性）を潜在的に秘めています。アレルゲン性を前もって正しく評価することができれば食品開発やアレルギー予防に大きく役立つのですが、現在、アレルゲン性を事前に正しく評価するよい方法がありません。

そこでヒト由来の免疫細胞を使って、どのような物質がアレルギーを引き起こすのかを予測する方法を開発しています。また、食物アレルギーの発症などのメカニズムを解明し、治療に役立てたいと考えています。

担当する授業は、食品生産科学科の3年生が学ぶ「食品衛生学」です。これは食品の安全や衛生を保つためにはどうすればよいかを学ぶ学問で、食品衛生に関する法律や食中毒など食品の安全に関するさまざまな話題、食品衛生対策などを幅広く学びます。

海洋大学ならではの経験

大学の授業は、実験や実習が多いのが特徴です。東京海洋大学には、五つのステーションからなる水圏科学フィールド教育研究センターというものがあります。東京のキャンパスでは経験できない、フィールドでの実践教育と先端研究を担う重要な拠点となっています。ステーションを利用していろいろな実習や学位論文のための研究などが行われており、また、ステーションで飼育されている魚は、品川キャンパスでの実験や実習などの試料としても活用されています。

静岡県には吉田ステーションがありますが、泊まり込みで食品生産科学科がマグロの缶詰や魚肉ソーセージなどをつくる食品生産学実習を行ったり、海洋生物資源学科が魚の病気について学ぶ水族病理学実習を行ったりしています。

山梨県の山の中には大泉ステーションがあり、サケ科冷水性魚類に関する研究が行われています。そこで養殖されているニジマスを使って、食品加工の実習もするんですよ。

海のそばにある千葉県館山市のステーションでは、海洋生物資源学科が藻類や海洋生物に関する実習を行い、海洋政策文化学科がマリンスポーツに関する実習を行うなど、年間を通じてたくさんの実習が行われています。

また、練習船をもっているのもこの大学の特徴です。大学の敷地にはポンドと呼ばれる港があり、練習船が停泊しています。乗船実習をするのは、主に海洋工学部や海洋資源環境学部ですが、春に行われる1年生のフレッシュマンセミナーでは、全員が体験乗船実習をします。

一方で夏に行われるセミナーは、学科によって内容が異なります。遠泳やボートを漕ぐものもあります。海洋に親しんでもらい、親睦を深めてもらいます。

海と人とのかかわりを感じる

この大学での魅力は、海と人とのかかわりを感じることができるということです。品川キャンパスに入れば、大きなクジラの骨の標本が出迎えてくれ、明治から昭和にかけて活躍していた練習船も復元されて、敷地内に展示されています。

海洋や海洋生物について学べる大学は、ほかにもありますが、この大学ではより海とのかかわりを強く感じることができると思います。学科にはそれぞれの特徴があり、学科によってさまざまな視点から海洋を学ぶことができます。

学生の数が少ないので、学生数に対して教員数が多く、指導してもらえる時間が多いのも大学の魅力です。特に4年生になったら入る研究室では、きめ細かい指導のもと、卒業研究に取り組むことができます。

また、大学院の修士課程に進学する学生が多いことも特徴です。大学院にはたくさんの留学生がいるので、英語でコミュニケーションをとる機会が多くなります。

自分で考え、研究をしてみる

世の中には不思議なことがたくさんありますので、何かに出合った時に「不思議だな」、「なんでだろう」と感じ取ってほしいです。そしてその答えを調べてほしいです。「不思議なことに気がついたら、調べてみよう」、「未知なることに挑んで、理解しよう」。このような気持ちをもち続けることで、人生は豊かになると思います。また、不思議なことを不思議だと感じる人が多くなれば、世の中が変わるのではないでしょうか。

今は、インターネットですぐに検索できますが、それをうのみにせず、自分で考える気持ちを大事にしてください。答えがわからなければ、ぜひ大学に入学していっしょに研究してみましょう。

学生インタビュー 1

魚とボートと過ごした4年間

東京海洋大学
海洋生命科学部海洋生物資源学科　4年生

塩田　惇さん

編集部撮影

兵庫県出身。釣りが大好きで東京海洋大学に入学。魚や海を学び、放課後はカッター部で活躍。授業の合間に釣りと、海と魚ずくめの大学生活を送っている。

釣りが好き、魚が好き！

子どもの頃から、釣りが趣味で、近所の池でブラックバスなどを釣っていました。中学生の頃、近畿大学で養殖しているマグロが話題になっていることを知って、海洋系の学部に興味をもったのです。

東京海洋大学にオープンキャンパスで訪れた時に、タコの養殖の研究を行っていることを知りました。さらに海洋系への興味が深まり、受験を決めました。そして、海洋生物資源学科に入学。魚など水生生物を遺伝子のレベルから、個体や集団のレベルまで学びました。はじめはタコなど水生生物を殖やす養殖に興味をもったのですが、今は、水生生物を守る資源管理や資源保全に力を入れて勉強しています。

入学すると、まわりには魚好きの人が多くて、話題や趣味があうので、毎日が楽しいです。大学の仲間と近くの運河で釣りをしたり、休日には遠出して、釣りやダイビングをしたりすることもあります。

大学では、いろいろな実習や実験があります。入学するとすぐに行われるフレッシュマンセミナーでは、一泊二日の乗船実習がありました。船酔いして、酔い止め薬を飲みながらデッキを掃除したことや、カップめんの容器を水底に向かって沈めると、水圧で小さくなり、海の水圧の大きさを実感したことなどが思い出として残っています。

夏のフレッシュマンセミナーは、千葉県館山市で行われました。磯採集をして、海藻の大きな標本をつくり、博物館を見学しました。この時も夜釣りを楽しみました。

もっとも印象深かったのは、動物生態学実習です。この実習では、沿岸や砂浜など異なる環境にどんな海洋生物がいるのか調査し、その生物のようすを観察しました。予想以上にたくさんの生物を見つけることができて、海洋にはいろいろな生物がいるのだということを実感しました。

大学でいちばん盛り上がるのは学園祭です。海にちなんだ模擬店がたくさん出て、大勢の人がやってきます。

ここ数年は新型コロナ感染症の流行で制限がありますが、その前は、マグロ丼やマグロの竜田揚げの屋台が大人気でした。マグロは卒業生の先輩から提供してもらうそうです。めずらしいものでは「グソクムシのフライ」や「ウミガメのスープ」なんていうのもあったり、釣り堀やめずらしい魚の展示などもあり、子どもから大人まで大賑わいでした。

授業に部活に大忙し

授業は毎日5時限目まであり、主に2時限目から5時限目の授業を取っていました。毎日10時半から18時くらいまで授業に出て、その後21時くらいまで部活動という生活です。

私が所属していたのはカッター部。小型のボートを漕いで競う競技です。入学した時、軽い気持ちで「運動したい」と話したら、先輩にそのまま部室に連れていかれて部員になりました（笑）。

東日本大会で準優勝、全日本大会３位の強豪チームで、もっとも東京海洋大学らしい部活です。４年生になって引退しましたが、先日久しぶりに試合の応援に行きました。部活では先輩や後輩とのつながりが強く、年に1回、ＯＢと現役生の試合もあります。世代を超えた交流が続いています。

授業の合間にレポートなどをしあげ、部活の練習のない木曜日と日曜日は飲食店でアルバイトをしました。かなり充実した大学生活でしたね。

今は、研究室で卒業研究に取り組んでいます。ペヘレイという魚は高水温によってオスに、低水温によってメスに性分化することが知られています。地球規模の気候変動が懸念される現在、異常水温が記録されペヘレイの性比が偏ってしまう可能性があるため、フィールドワークを通じてその影響を調査しています。ペヘレイはアルゼンチン原産の魚なので、アルゼンチンに調査に行くことが決まっていて、どんな体験ができるのか今からワクワクしています。

東京海洋大学カッター部の仲間と　取材先提供

卒業後は大学院に進学します。同じ学科の人の大半は大学院に進学し、その後、食品メーカーで働いたり、国家公務員や地方公務員になる人が多いです。私は、将来は環境アセスメント（環境影響評価）にかかわる仕事がしたいと思っています。

海について学ぶなら

海について学びたいなら、東京海洋大学は日本一の大学です。釣りやダイビングに興味がある人なら、小型船舶免許の教習を学内で受けられたり、ダイビングライセンスを学内で申し込めば安く取得できますよ。

一方で、水泳の授業があるので学科によっては泳げるほうがいいですが、泳ぎが下手でもさほど大きな問題ではありません。興味のある人はどんどんチャレンジしてください。

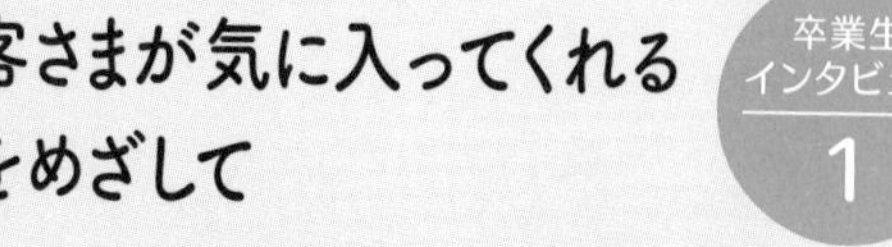

お客さまが気に入ってくれる味をめざして

卒業生インタビュー 1

ブルドックソース　研究開発部

東京海洋大学海洋生命科学部食品生産科学科卒業

南波真実（なんばまなみ）さん

大学卒業後、ブルドックソースに入社。食べることも、料理をすることも大好き。好きな食べ物はラーメン、特に「つけめん」で、休日は食べ歩きをしている。

編集部撮影

食品を開発したい

私はブルドックソースという調味料メーカーで、飲食店向けのソースやたれなど業務用品を開発しています。具体的には、飲食店などのお客さまから要望をヒアリングし、それにあわせたソースをつくります。

まずは、基本の味を正確につくることが大事です。それができるようになると、お客さまの要望にあわせて材料や味わいを変えていきます。品質の判定には、味やにおいを評価する官能評価が欠かせません。それを行うパネリストの試験にも合格し、ますますやる気がわいています。

食品メーカーに就職しようと決めたきっかけは、大学で食品加工について学んだことです。食品加工学の授業でかまぼこなど水産加工食品について知りました。さらに食品加工実習でレトルトカレーをつくりました。自分の手から、お店で売っているようなカレーをつくることができたのがうれしくて、これにより食品の製造に興味がわきました。

東京海洋大学（海洋大）では、大学院へ進学する人が多いのですが、私は早く社会に出たかったので、就職活動を始めました。

大学3年生の1月に大学で企業説明会があり、大学のOBからブルドックソースについて話を聞きました。ソースのような調味料は生活に欠かせない魅力的な食品であることや、明治時代に創業した歴史のあるメーカーということが気に入りました。私のしたい仕事にぴったりだと思って試験を受けて入社し、今では2年目になりました。

仕事のやりがいを感じるのは、商品をつくり上げた時です。原料の配合を少し変えただけでも、ソースの味は変わります。なので、いくつかの味のパターンをつくっていきます。すべての工程を自分で行うので、お客さまに気に入ってもらえる味ができた時はとてもうれしいです。

これからもどんどん経験を積んで、味づくりや商品化のノウハウを身につけ、お客さまがさらに気に入ってくれる味の商品がつくれるようになることが目標です。

つくることも食べることも大好き

大学時代は、食品分野の科目を広く学びましたが、1年生では、生物や化学などの基礎科目に加え、海洋環境や海洋エネルギーなど海洋に関する科目を学びました。2年生になると、食品に特化し、食品分野でも自分の学びたい科目を選択できました。

実は、食べることは大好きなのですが、海洋大に入学したのに魚は苦手でした（笑）。でも、海洋大で勉強していると魚にふれる機会も増えて、今ではすっかり魚好きになりました。

大学で学んだことは、いろいろな点で今の仕事に役立っています。具体的には、異なるうまみ成分を組み合わせることでよりおいしさが増すといった、「うまみの相乗効果」などの食品化学の知識は、仕事に欠かせません。

また、食品の製造には安全がとても大事なので、微生物学や食品衛生学で食中毒や食品衛生について学んだことも役に立っています。食品製造実習でレトルトカレーをつくったことは、製品を容器につめて、殺菌するといった工場での製造の流れをイメージできます。


一方で食品の製造には、食品衛生に関する法規など法律の知識が必要です。私はあまり興味がなかったので、もっと勉強しておけばよかったと後悔し、今猛勉強中です。

勉強面だけでなく大学時代には、料理研究会とアウトドアライフ同好会に所属していました。料理研究会では、毎月1回決めたテーマの献立をつくります。学園祭では料理研究会で明石焼き、アウトドアライフ同好会ではニジマスの燻製をつくって販売しました。コストを抑えていかにおいしく、売上を伸ばすか工夫しました。

また、大学生活協同組合の学生委員として、売店の売上をよくするためにイベントをしたこともよい思い出です。こちらも学園祭ではサーモン丼をつくって販売しました。人気メニューなんですよ。飲食店やお惣菜屋さんで

お客さまの要望にあわせて原料の配合を変えていきます

アルバイトもしました。このような体験が今の仕事にすべてつながっています。

趣味は、ラーメンの食べ歩きです。好きな味があるので、それを求めていろいろな店を探します。これも結局、仕事につながっているなと思っています（笑）。

経験を積むことが大切

みなさんは将来の夢があると思います。学生時代にいろいろな経験をして、たくさんの知識を身につけておくと、将来、やりたいことをめざすことに役立ちます。

部活でも、遊びでもどんな経験でもかまわないですし、わからないことを調べるだけでも知識になります。もし、将来の夢が決まっていなくても、経験があれば、やりたいことが見つけやすくなると思いますよ。

市場を支える優れた目利き人

大都魚類　特種部特種課
長崎大学水産学部水産学科（当時）卒業

原田武範さん

海と魚が大好きで、静岡県の水産高校を経て、大学も水産学部を卒業。東京中央卸売市場にある卸売会社でセリ人として働く。入社２年目からカニを担当。

取材先提供（以下同）

入学後は必死で勉強

私は静岡県焼津市出身で、家業はかつおぶしを製造していました。焼津市は駿河湾に面しており、「さかなのまち」として知られます。小さな頃から海や魚が大好きで、長崎大学水産学部へ進学しました。

大学に入ると、１、２年は教養課程で基礎を学びます。水産高校出身であまり基礎科目を勉強しておらず、追いつくために必死で勉強しました。全学共通科目の英語を医学部や薬学部の学生に教えてもらっていました。

２年生になると海洋生産管理、海洋生物科学、海洋応用生物化学、海洋環境科学（当時）の四つのコースに分かれ、水産系の科目も広く学ぶことができました。４年間で印象に残っていることは、２週間の乗船実習とイルカの解剖をしたことです。クジラやイルカなど海洋哺乳類の解剖を行うのは長崎大学ならではのカリキュラム。長崎はイルカなどの生息地があり、調査も頻繁に行われる場所なのです。

3年生の水産経済学の授業で、日本の多くのかつおぶしは海外で製造され、今は製造方法が変わっていることを知り衝撃を受けました。そこで4年生の卒業研究では、インドネシアのかつおぶし製造の状況を調査しました。

魚の量や種類の多さにびっくり

研究室の先生の紹介もあって、就職先は水産物卸売市場に興味がわきました。いくつかの市場を見学したのですが、東京の築地市場を見学した時に、物量の多さにびっくりしました。日本のみならず世界中の魚が集まり、世界一の取引高を誇るだけあります。そこで築地市場で働きたいと、卸売会社（大卸）の大都魚類に入社しました。2018年に市場は豊洲に移転し、今はそこで働いています。

ここで魚市場の仕組みを簡単に説明しましょう。まず、生産者（漁師など）は産地市場に出荷します。産地業者は産地市場から水産物を購入し、豊洲などの消費市場に出荷します。スーパーマーケットや水産会社、外食事業者などがそれを買いつけ、消費者の手に渡ります。複雑に見えますが、水産物は種類が多く、食べ方もさまざまなので、このような仕組みをとることで、魚の品質や相場を維持できるのです。

私たち卸売会社に求められるのは、品質や鮮度などの目利きです。お客さんの要望に応じて、品質のよいものを買いつけ、適正な価格で売らなければならないのです。

私が配属されたのは、特種課という料亭や寿司店などの高級店に最上級の鮮魚を販売する部署。そこでカニを担当することになりました。産地からカニを買いつけなくてはなりませんが、カニの知識はありません。最初は産地を回ってカニを学びました。

苦労したのはカニの値つけや管理です。特に、値段の相場が大きく変化する年末の値つけが難しかったです。生きたカニの管理も大変で水温が変わると死んでしまい、売り物になりません。そんな仕事も10年を超え、「カニといえば原田」が定着したようです。後輩も入り、ますますやる気がわいています。

ほめられるのはうれしい

仕事は深夜の2時から始まります。前日に注文したカニが入荷してくるので、それを選別して値段をつけます。5時くらいに売り終わり、終了後は売上の整理や翌日の注文などをします。ようやく落ち着くのが11時頃です。

カニでも産地によって味や香りが違うので、お客さんの要望にあわせて品物をそろえるのは楽しいです。忙しい毎日ですが、お客さんからの「ありがとう」「おいしかった」の言葉にやりがいを感じます。商品を扱う時は、生産者の気持ちを踏まえて、「大事に売ろう」「少しでも高く売ってあげよう」と思います。

大学で乗船実習をしたことが海の厳しさや水産業を知るきっかけになり、カニの産地を回ったことで、生産現場の状況を知ることができました。ただ、大学時代はあまり長崎の漁師さんとの接点がもてず、市場に行くこともありませんでした。学生時代にもっと海

卒業生インタビュー

最上級のカニを扱うキャリアは10年以上です

に行ったり、市場で魚を見たりしておけばよかったなと思っています。

魚をもっと食べよう

水産学部を卒業しても水産業に就く人はあまり多くはありません。３Ｋのイメージがあるのでしょうか。特に市場の仕事はどんなことをしているのかわかりにくいかもしれません。少しでも興味がわけば、とにかく見に来てほしいですね。たくさんの量の水産物や種類の多さを見ると衝撃を受けますよ。

残念なのは、日本はこんなに水産資源に恵まれているのに、「魚離れ」といわれ、水産物の消費が減っていること。高品質の水産物が海外に買われている状況を目の当たりにし、国内でももっと魚を食べてほしいし、魚について知ってほしいと切に願っています。

2章

畜産学部について
教えてください

Q7 畜産学部は何を学ぶところですか？

動物について学びたいなら

畜産学部では、家畜の生産や管理のための畜産学を中心に、獣医学や農学などを学ぶよ。

家畜とは、人が生活に役立てるように飼育する動物のことで、牛や馬、豚や鶏、羊などがあげられる。これらの動物は野生だったけれど、人になれさせ、飼育し、繁殖させ、さらには品種改良をして農耕や食用に使ってきた。たとえば、牛はすでに古代エジプトや古代インドで飼育されていたというよ。日本では弥生時代には、渡来人によって家畜化された牛がもち込まれていたと考えられている。

このような家畜を繁殖させ、飼育し、大きくする。そして、乳製品や肉、卵あるいは毛皮などの畜産物を得て生活に役立てるのが、畜産業なんだよ。古くから続いてきた畜産業を普及させ、発展させるための学問が畜産学なんだ。

そこで畜産学部では、家畜の改良、家畜を殖やす方法、畜産業の経営、それに食肉や牛乳の加工など畜産加工について学ぶ。家畜の病気の予防や治療についても学ぶ点は、獣医学と重なるね。獣医学も畜産学も動物を扱うための学問だが、獣医学は動物の健康のための学問、畜産学は動物の飼育や繁殖のための学問という違いがあるよ。

近年、畜産学の分野では学問の幅が広がり、家畜だけでなく、犬や猫のようなペット、鳥や獣など野生動物や実験動物まで、扱う動物の種類が広がっているよ。そのため、かつて畜産学部という名称だったところも応用生命科学部、生物生産学部などの名称に変更されている。また、農学部の中に畜産学科や畜産コースが置かれている大学もたくさんあったが、これらも動物科学科、生物資源科学科などの名称に変更されている。志望校を探す時には、注意してほしい。

酪農に力を入れている大学も

酪農とは、乳牛を飼育して牛乳を得る、また牛乳を加工してチーズやバターなどの乳製品をつくる畜産のことをいう。畜産の一部分なんだけど、牛乳や乳製品の生産に特化している。ホルスタイン種など乳牛の飼育は、肉牛とは違うし、牧場での作業もかなり違うんだ。酪農学は、乳牛などの育成や牛乳の生産、加工などの技術や経営、流通について学ぶ科目だ。

酪農のさかんな場所にある大学では酪農学に力を入れている。また、畜産学部の中に酪農学科や酪農専攻などを設けているところもあるよ。

動物の生態から行動や飼育まで

大学に入るとまず学ぶのは、生物学や化学、物理学など自然科学の基礎や畜産学の概論だ。続いて、生化学や生態学、遺伝学、統計学など、専門科目を理解するために必要な基礎科目を学ぶ。

2年生になると専門科目が増えてくる。たとえば、動物の体の基本構造と機能を学ぶ解剖学、動物の行動を支配するホルモンや神経について学ぶ動物生理学、

主な学部の系統別分類

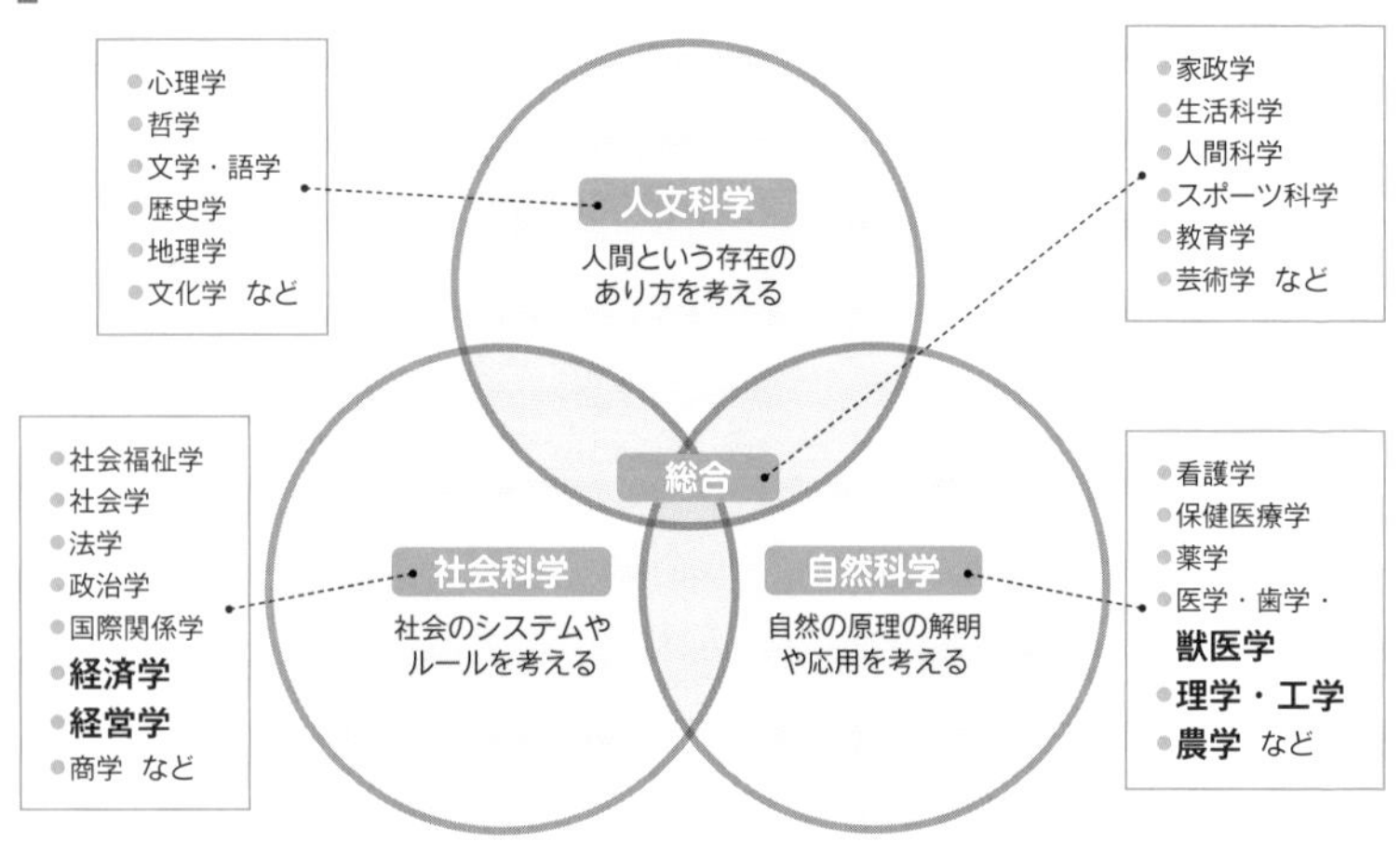

※黒の太字は、畜産学部に関連のある学部だよ！

動物の行動について学ぶ動物行動学などの動物に関する専門科目があげられる。
2年生の後半から3年生になると、ほとんどが専門科目だ。家畜の品種について学ぶ育種学、動物の繁殖や人工授精などについて学ぶ繁殖学、動物の飼育や飼料について学ぶ飼料学や飼育管理学などの専門科目で畜産について深く学ぶ。飼育環境も大事なので、牧場などの草地管理のための草地学や畜産環境学などの科目も学ぶよ。

また、流通経営学など、経済関連の科目も学ぶ。入学してから、専攻に分かれる大学では、専攻によって専門科目は変わってくるよ。

実習もたくさんあり、解剖実習や動物を飼育する農業実習などもある。また近年では、これまでの家畜の飼育のしかたは、動物にストレスの多い生活を強いているのではないかと考えるようにもなっている。そのため、家畜福祉や動物福祉といった考え方が、畜産分野においても取り入れられているんだ。

大学の授業でも、動物福祉学がカリキュラムに取り入れられている。動物のストレスの評価やストレスの軽減に向けた飼育法について学ぶよ。

牛や馬、豚や鶏、羊などの家畜を中心に学ぶ

Q8

どんな人が集まり、学んだことをどう社会で活かせますか？

動物の好きな人

なんといっても、動物が好きな人が集まる。ただ畜産学部に集まる人は、小型の動物より牛のような大型の動物が好きな人が多いかな。多くの人は、将来、動物にかかわる仕事をしたいと考えている。

畜産に興味のある人

食肉として販売する家畜を育てるとはどういうことだろう？　家畜の健康に配慮した生育環境を整えるにはどうすればいいのかな？　このような畜産に興味のある人も集まる。家が畜産農家や、畜産のさかんな街に育ったので畜産に興味をもつようになった人もいる。

酪農に興味のある人

乳牛を育て乳を搾ったり、乳製品をつくったりするのが酪農だ。肉や卵になる家畜を育てるのとはやることが異なる。そんな酪農に興味のある人、将来酪農家になりたい人、牛乳やチーズなどの乳製品の好きな人が畜産学部にはたくさんいる。チーズのつくり方を専門的に知りたいと入学を決めた人もいるよ。

牧場など自然が好きな人

畜産というと牛や馬とともに草地が広がる牧場が思い浮かぶ。こんな広い牧場にあこがれてくる人が多い。実は畜産を生産するためには、飼料となる牧草の栽培も重要だ。植物に興味のある人も結構いるんだよ。

食べることが好きな人、食べ物が好きな人

食べることが好き、食べ物が好きな人も集まる。なかでも、肉や乳製品が好き、食品加工に興味がある人が多いかな。大学では食品加工の実習もあるんだよ。

人の健康に貢献する学問

かつて日本で畜産といえば、耕作や運搬用に牛や馬を飼育する程度だった。そのため、

畜産学は主に軍馬の生産にかかわる学問だった。

食肉や牛乳、卵などの食料生産が奨励され、畜産業が発展したのは戦後になってからだ。そうなると畜産学は、家畜や食料生産に大きくかかわるようになった。戦後の高度経済成長期には、食肉や卵、牛乳などの畜産物を多く食べるようになり、体格もよくなっていった。

肉や卵、牛乳などの畜産物は、私たちにとっては重要なタンパク質源だ。タンパク質は人の健康や成長に深くかかわる重要な栄養素なんだよ。特に、畜産物に含まれている動物性タンパク質は良質といわれ、将来人口が増加すると、食料難になると考えられている。だから、貴重なタンパク質源として家畜の重要性が増しており、畜産を支える畜産学の果たす役割も大きくなっている。**今の私たちの健康や豊かな食卓に畜産学は大きく貢献してきたし、これからも畜産学を学んだ人の活躍が期待されているよ。**

食べ続けていくために

私たちの食卓に肉や卵が並ぶのはあたりまえだが、実はその多くは輸入品だということは知っているかな？　戦後、日本でも畜産がさかんになったものの、生産が追いついておらず、輸入品に頼っているのが現状だ。私たちが食べ続けていくためには、畜産業を持続させ、発展させることが必要なんだよ。

ただ、動物を飼育したり、飼料を栽培したりできる土地の広さは限られている。また、気候変動による影響が家畜にも表れている。そのため、生産量の多い動物、暑さに強い動物など、動物の育種や品種改良技術が必要だ。

一方で、人工授精や受精卵移植などの家畜を繁殖させる技術や、家畜の飼料や栄養管理などの多くの知識や研究の成果が求められているよ。

人と動物の共生

畜産学部では、さまざまな動物に関して、育種から繁殖、利用まで幅広く学ぶ。このことは畜産のみならず、動物関連の産業の発展や生命科学の進歩にも貢献できるよ。

また、この知識は、人と動物の共生を考えていくためにも重要だ。たとえば、環境汚染や乱獲で野生動物が減ってしまうことがあれば、農村部ではイノシシやシカなどの野生動物が増えて、地域の人びとに被害をもたらすこともある。そのような問題の解決策を考えていくことが必要なんだ。

動物好きが集まり、食料問題にかかわる

Q9

主にどんな学科がありますか？

畜産学部として単独で存在している大学は少なくて、農学部や農学系の学科の中に畜産系の学科が含まれていることが多いよ。

学問の幅は広がっている

畜産学はほかの分野とも結びついている。たとえば、家畜の品種改良にはバイオテクノロジー、エサの改良には農芸化学、家畜の病気の治療には獣医学、コンピュータを使った家畜の管理に情報工学といった具合だ。そこで、畜産学で扱う分野もどんどん広がっている。そのため、畜産系の学部や学科では、生殖や加工、流通など畜産業のみならず、遺伝子機能を研究するバイオテクノロジーなど生命科学まで幅広く扱うよ。

また、畜産といえば、牛や豚、鶏、馬などが中心だが、扱う動物の種類も増えている。たとえば、大学ではヤギや羊、ウズラ、ウサギなど、多くの種類の動物を飼育している。実習で羊の毛刈りをしたり、研究室でこうした動物を飼育し、研究したりすることも

できるんだよ。家畜に限らず、昆虫や野生動物に関する科目が学べるところや関連の研究室を設置する大学もある。酪農がさかんとか、古くから馬の飼育が多く行われているなど、その地域によって畜産業にも特徴がある。そんな特徴を活かした畜産学を学べて、地域連携に力を入れている大学もたくさんあるよ。また、畜産学部は家畜などの動物が中心だが、植物についても学ぶ。主に牧草や穀物などの飼料作物についてだが、イネや小麦、ジャガイモなどの食用の作物についても学ぶ。

畜産系の学科やコースがたくさんある

畜産学には、家畜の飼育や繁殖から、畜産物の加工、飼料作物、畜産の経営などが含まれるので、それにあわせて学科やコースが設定されていることが多い。

たとえば、畜産学部の中に家畜生産科学、環境生態学、食品科学、農業経済学、農業環境工学、植物生産科学など細かくユニットやコースに分かれている大学がある。はじめは全員が畜産学の基礎を学ぶが、その後、興味のある内容にあわせてユニットやコースを選択するんだ。専門分野に分かれるとかなり幅広い分野の科目をカバーできるし、深く学べるよ。

たとえば、動物科学系の学科やコースでは扱う動物の種類が増え、動物生産やバイオテクノロジーもくわしく学ぶ。畜産経営系の学科やコースでは、経営や経済の視点から動物と人とのかかわりを学ぶ。経済や経営関連の科目が多く、文系の大学と同じような学び方になる。

また、**学部の中で畜産科学科、畜産学科、畜産草地科学科、動物科学科と学科が設けられていることもある。**たとえば、動物科学科と名づけられて「畜産」という名称はついていなくても、家畜を中心に広く動物を扱い、畜産学を学ぶことのできる学科もあるよ。

畜産草地科学科は、動物も植物も好きな人が集まっている。畜産学とともに、家畜を育てるために必要な飼料作物についてもじっくりと学ぶのが特徴だ。飼

畜産学を学べる学部

- 畜産学部
- 生物生産学部
- 応用生命科学部
- 農学部
- 生物資源学部
- 獣医学部　など

畜産学を学べる学科やコース

- 畜産科学科
- 畜産学科
- 畜産草地科学科
- 動物科学科
- 食生命科学科
- 農林生産学科　など
- 資源作物・畜産学コース
- 畜産科学コース
- 循環畜産学コース
- 畜産コース　など

料作物の栽培の実習、飼料作物の生態を調べる実験を行い、飼料の栄養なども学ぶんだよ。

農学部の学科の中でコースが設けられている場合もある。資源作物・畜産科学コース、循環畜産学コース、畜産コースなどだ。コース制の大学では、農学全般を学んだあと、コースに分かれる場合が多い。畜産学を中心に学ぶこれらのコースでは、家畜の発生や成長から飼育、畜産物の利用までを総合的に学ぶ。

また、農学や畜産学全般を学んだ後、酪農学コースと畜産学コースに分かれる大学もある。酪農学コースでは乳牛など乳を生産する家畜を中心に学ぶ。先に述べたように、酪農も畜産の一種だけど、特に乳牛を飼育し、乳製品を生産することを酪農と区別しているよ。このコースでは、酪農の現場の理解を深める農家実習などもある。畜産学コースは、肉牛を中心に豚や鶏、羊、馬など食肉生産にかかわる家畜を中心に学ぶ。こちらの場合は、肉牛を飼育している農家などで実習する機会がある。

どちらのコースも、食料の安定供給に貢献できる幅広い知識と技術をもった人材を育てることが目的だ。

動物、昆虫、作物から経済や経営を学べる学科もある

Q10

ならではの授業や授業外活動は何がありますか？　また、どんな人や世界にふれられますか？

やはり、畜産学と酪農学

畜産学部ならではの授業科目といえば、まずは「畜産学」があげられる。家畜動物の生育や生殖について学ぶ科目だ。近年では遺伝子や分子レベルで研究が進んでおり、内容も複雑になっている。特に家畜の繁殖の分野では、バイオテクノロジーの技術が応用されており、最先端の知識や技術が学べる。酪農学では、乳牛や羊などの育成や牛乳の生産技術などに特化している。牛や土にふれるなど実習にも力を入れるほか、ＩＴ（情報技術）を使った最新技術も学ぶことができる。どちらの科目も、座学と実習をあわせて深く学んでいく。

動物繁殖学

動物の繁殖における生理や生殖細胞について学ぶ学問だ。人工授精や受精卵移植などの繁殖技術も含まれるよ。畜産では動物を効率的に繁殖させることが必要で、繁殖技術の進歩がとても重要だ。繁殖技術を学んだり、研究したりするのは畜産学部ならではだね。また、大学によっては、家畜人工授精師（73ページ参照）を養成するための講習を開講している。そこでは顕微鏡を用いた作業や、実際に牛を用いた受精卵の処理を実習するよ。

牧場実習

大学がもつ農場などで行われ、畜産に関する基礎的な管理知識や技術を学ぶよ。そろいのつなぎの作業着を着て、いろいろな作業を行う。

1年生の時は、牛や豚、鶏などの動物を対象にエサやりや授乳、乳搾り、散歩など飼育管理をひと通り体験する。飼育設備の掃除や動物の観察などから始まり、動物に慣れてくると動物のブラッシングや子牛の乳やりなど動物とふれあう機会が増える。特に牛など大型の動物にふれるのは、最初はとても緊張するが、慣れてくると移動や散歩ができるようになるよ。

高学年になると、大型の農業機械を使い本格的な作業をする。内容も専門的になり、家畜の健康管理から牧場経営まで学ぶ。また、エサ用の飼料作物の栽培や管理まで行う。草地実習では、まずは実際に牧草などにふれ、飼料作物の種類から学ぶんだ。さらに栽培方法や収穫方法も学び、体験する。また、人工授精などの現場を見学し、家畜の繁殖管理も実習で体験する。

大学によって、牛や馬、羊、豚など扱う動物の種類が異なり、羊の毛刈りや乗馬などの体験ができることもある。宿泊をともなう実習が多く、グループで作業するのでチームワークが生まれるよ。

食品加工実習

食品加工実習をする学部はほかにもあるけれど、畜産系ならではといえば、ハムやソーセージなど食肉の加工や、アイスクリームやチーズなどの乳製品をつくることだ。チーズをつくる時に、どう牛乳を固めるのかという製造の理論や品質の評価法を学んだ上で実践する。食品メーカーがどのように管理しているのかなど、食品衛生管理もしっかり学ぶ。

今注目のスマート畜産も

今、AI技術やロボットを使ったスマート畜産が注目されている。たとえば、パソコンやスマートフォンを使っていつでもどこでも牛の情報を見たり、記録したりできるシステムやドローンを使って、遠くの牛を管理するシステム、自動搾乳ロボットなどが導入されて負担を軽減している。こうしたスマート畜産の目的のひとつには、労働時間の削減や

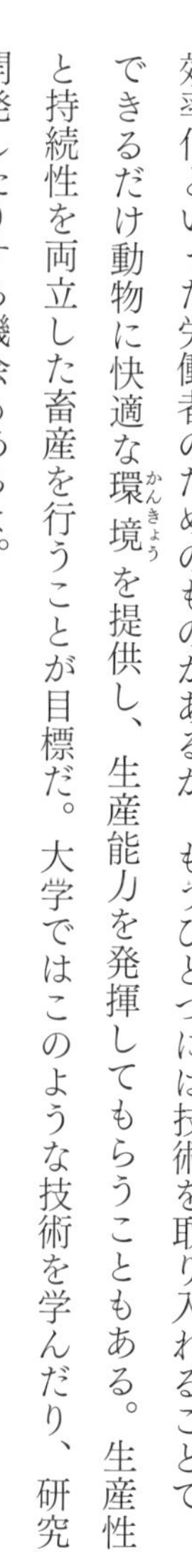

効率化といった労働者のためのものがあるが、もうひとつには技術を取り入れることで、できるだけ動物に快適な環境を提供し、生産能力を発揮してもらうこともある。生産性と持続性を両立した畜産を行うことが目標だ。大学ではこのような技術を学んだり、研究開発したりする機会もあるよ。

牧場でのアルバイト

畜産系の大学生ならではの課外活動といえば、牧場でのアルバイトがあげられる。郊外にある大学では近くの牧場で、また夏休みなどを利用して牧場のアルバイトをする人がたくさんいるんだ。牛舎の掃除をしたり、乳搾りをしたりと作業をする。また、学内の酪農施設で非常勤職員として、搾乳するというケースもあるよ。大学で学んだことを現場で体験できる絶好の機会だね。

畜産学部では学内の牧場を含め、多くの農家の人に出会う。畜産の世界にふれられる上、そこで出会う人は生き物相手の仕事の大変さや喜び、命の大切さを教えてくれる。

Q11 学生の一日と入学から卒業までの流れを教えてください

朝から牧場バイトの日も

畜産系の大学に通う3年生の一日の例を紹介しよう。

朝7時半に起床、身支度をして大学へ向かう。今日はそのまま大学に直行だけど、牧場バイトのある日は朝に作業をしてから学校へ行くこともある。

午前中は座学で、飼料学と畜産加工学の授業だ。家畜が好む飼料とはどんなものか、家畜の健康のためにはどんな飼料をあげたらいいんだろうかと、家畜の飼料について細かく学ぶ。栄養の計算法なども勉強するからかなり実践的な科目だ。みんなも真剣に授業を受けているよ。畜産加工学は、ハムやソーセージや乳製品など畜産加工物のつくり方や加工の原理などを学ぶ。ふだん食べている食品はこうやってつくるんだと知ることができる。ここでしっかり勉強しておかないと、午後の食品加工学実習で困ることになる。とはいっても、もうすぐ昼休み。食べ物の話を聞いているとおなかがすいてくる。

昼休みはサークルの部室へ。学内にはいろいろな部活やサークルの部室が入った建物があるんだ。今日はランチミーティングなので、メンバーと話し合いをしながらお昼を食べる。サークルでは環境ボランティアの活動をしているから、今週末の活動についての詳細を決めた。

午後は食品加工学の実習だ。実習の遅刻は厳禁なので、早めに加工実習室へ行く。加工実習では、衛生に気をつけないといけないので、作業用の白衣を着たり、帽子をかぶったりして、厳重に身支度をする必要があるんだ。そのあと、テキストを読みながら開始を待つ。先生や加工施設の先生に教わりながら、ハムづくりをする。実際につくってみると、形を整

3年生の実習がある一日

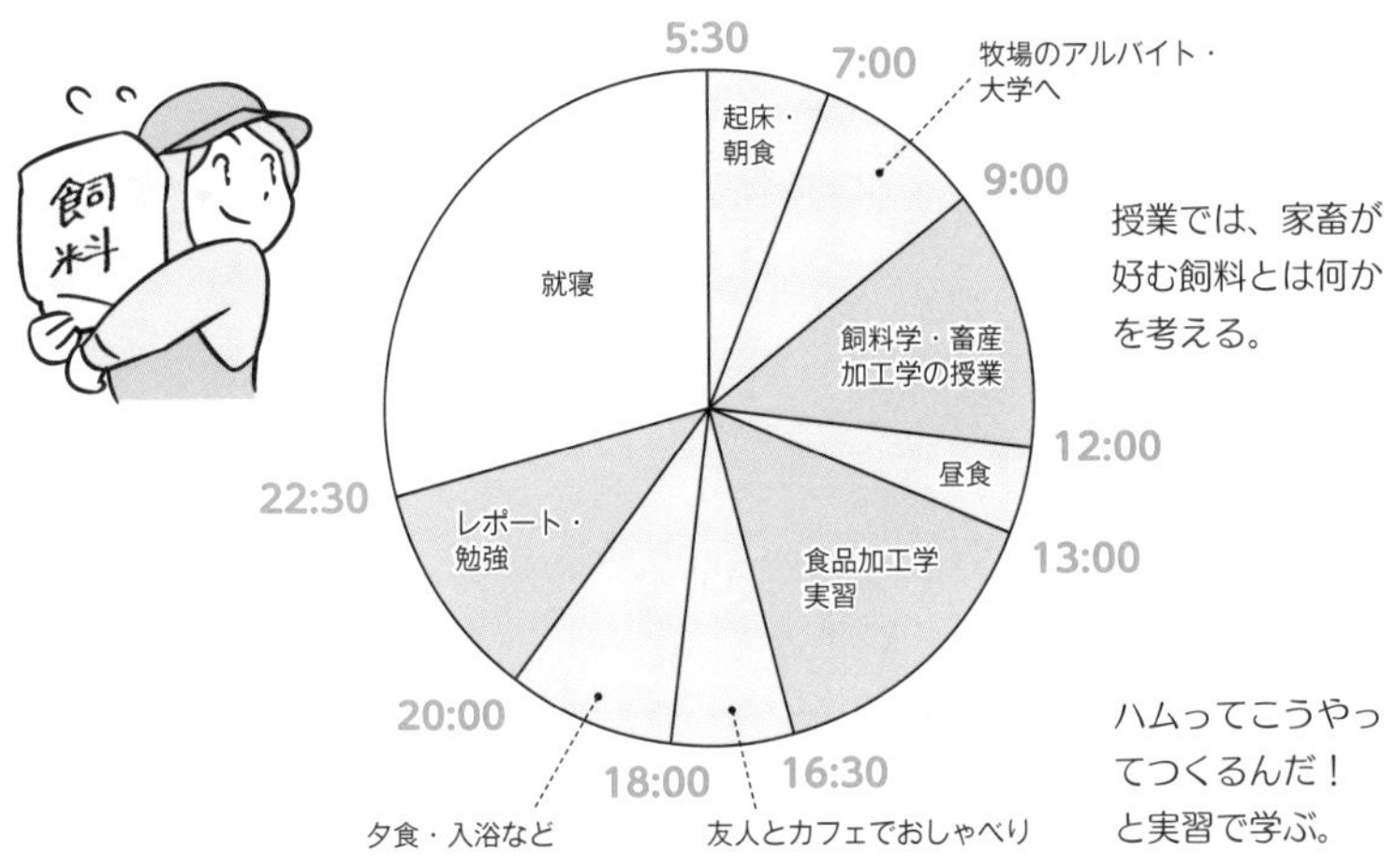

えるのが難しい。一日ですべての工程は終わらないので、続きは次回だ。

実験が終わり、片付けなどをしたあとは、友人と学内のカフェに行く。おやつを食べながらひと休み。おしゃべりをしていると、あっという間に夕方だ。そのまま大学を出て、18時過ぎには帰宅。夕飯や入浴のあとは、ゲームをしたり、明日の準備をしたりと自由時間を過ごす。

動物とともに4年間

入学するとまずガイダンスが行われる。1年生は、教養科目や基礎的な専門科目を履修し、基礎学力をかためるよ。また、牧場実習（大学によって実習名は変わる）が行われる。大学のもつ農場で牛

入学から卒業まで

	1年生	2年生	3年生	4年生
春	入学式 オリエンテーション 教養・基礎課程 牧場実習	専門課程 フィールド実習	専門課程 牧場実習	卒業研究 就職活動
夏	定期試験	実習	インターンシップ	
秋	学園祭			
冬	定期試験		研究室に配属	卒論発表会 卒業式

の世話の体験などをして、畜産とは何かを理解する。

2年生になると専門科目が増えてくる。実習や実験も多く、忙しくなってくるよ。フィールドに出る実習のほか、実験室で化学や生物の実験もある。講義以外にも、インターンシップ制度を利用して牧場の仕事を体験する人もいる。

3年生になると興味のある分野の知識や技術を深めていくよ。長期間にわたる牧場実習も行われる。牛ばかりでなく馬や羊など大学によって扱う動物は変わるけれど、どの動物もようすはとても気になる。長期休暇を利用して牧場でアルバイトをしたり、サークル活動に打ち込んだりしていると時間は瞬く間に過ぎていく。そろそろ就職が気になる頃だ。大学でも就活セミナーや公務員試験対策講座が開講されるよ。

4年生になれば、研究室で卒業研究が始まる。大学によっては3年生から始まるところもある。いずれにしても大学4年間の集大成なので、しっかりと研究を進めたいところだよ。卒論発表会では、パソコンを使ってプレゼンテーションを行う。忙しいけれど、動物とたっぷりと過ごせる4年間になるはずだ。

実習や実験に明け暮れるが、動物とたっぷり過ごせる

Q12 就く仕事と取れる資格を教えてください

畜産や動物関連の仕事が多い

畜産学部を卒業すると、食品や化学、飼料あるいは農業や畜産、ペットに関連する一般企業に就職する人が多い。たとえば、乳業会社で乳製品の製造の管理や開発をするとか、製薬会社でモデル動物を使った実験をするなど、畜産や動物に関連する仕事をしている。あるいは、農業協同組合のような農業団体の職員や地方自治体の公務員になって、畜産農家を支援したり、技術を普及させたりしている人もたくさんいるよ。

専門知識や技術を活かすなら、やっぱり牧場かな。動物園で動物の飼育にたずさわっている人もいる。大学院に進学して、さらに高度な専門知識を学んでいる人も増えているよ。

最近増えているのは、酪農ヘルパーだ。酪農家が休みを取る際に酪農家に代わって、搾乳やエサやりなどの仕事をする人のことをいう。酪農ヘルパーの経験をつんでから酪農家になる人もいるんだよ。

取れる資格は？

畜産学部だからこそ取れる資格は多い。以降に紹介するほかにも、中学や高校の教員免許（理科や農業）、学芸員、食品衛生管理者や食品衛生監視員、実験動物技術者などがあるが、大学や学科によって取れる資格は変わるので、詳細はそれぞれ調べてほしい。

家畜人工授精師、家畜受精卵移植師

家畜人工授精師は、牛や馬などの家畜の遺伝的に優秀なオスから精子を採取し、これをメスの子宮に入れて優秀な子どもを出産させる専門家のこと。大学内で行われる講習会などに参加し、試験に合格すると資格が取れる。家畜の種類ごとに講習会が行われ、講習を受けた種類の動物のみ、取り扱うことができるよ。また、家畜受精卵移植師という資格は、家畜人工授精師の資格をもつ人が講習を受け、試験に合格すると得られる、どちらも牧場に欠かせない資格だ。なお、獣医師は資格を取らなくても同じ業務を行うことができる。

認定牛削蹄師

認定牛削蹄師は、牛のひづめを削り形を整える仕事だ。牛は運動量が少ないと、ひづめが伸びすぎるので、定期的に削る必要があるんだ。大学の卒業資格は必要なく、18歳以上なら講習会を受け、試験に合格すると資格が取れる。大学によっては講習会が行われ、実技トレーニングなど資格取得をサポートしてくれるよ。

胚培養士

胚培養士は胚（受精卵）を扱う専門職で、主に人の不妊治療にたずさわっている。そのため、勤務先は病院やクリニックなどだ。これは民間資格で、日本

畜産学部で取得をめざせる主な資格

- 講習会に参加し、試験に合格すると与えられる
  家畜人工授精師
  家畜受精卵移植師
- 認定試験に合格すると与えられる
  認定牛削蹄師
  胚培養士
- 関連の仕事に就いた時に与えられる任用資格
  食鳥処理衛生管理者
- 関連の仕事に就き、講習会を受けると与えられる任用資格
  飼料製造管理者
- その他
  学芸員
  食品衛生管理者
  食品衛生監視員　など

料金受取人払郵便

本郷局承認

6276

差出有効期間
2025年9月30日
まで

郵便はがき

113-8790

（受取人）
東京都文京区本郷1・28・36

株式会社　ぺりかん社

一般書編集部行

購入申込書

※当社刊行物のご注文にご利用ください。

書名		定価[　　　円+税] 部数[　　　部]
書名		定価[　　　円+税] 部数[　　　部]
書名		定価[　　　円+税] 部数[　　　部]

●購入方法をお選び下さい（□にチェック）	□直接購入（代金引き換えとなります。送料+代引手数料で900円+税が別途かかります） □書店経由（本状を書店にお渡し下さるか、下欄に書店ご指定の上、ご投函下さい）	番線印（書店使用欄）
書店名		
書　店 所在地		

書店様へ：本状でお申込みがございましたら、番線印を押印の上ご投函下さい。

※ご購読ありがとうございました。今後の企画・編集の参考にさせていただきますので、ご意見・ご感想をお聞かせください。

アンケートはwebページでも受け付けています。

URL http://www.perikansha.co.jp/qa.html

書名	No.

●この本を何でお知りになりましたか?

□書店で見て　□図書館で見て　□先生に勧められて
□DMで　□インターネットで
□その他 [　　　　]

●この本へのご感想をお聞かせください

・内容のわかりやすさは?　□難しい　□ちょうどよい　□やさしい
・文章・漢字の量は?　□多い　□普通　□少ない
・文字の大きさは?　□大きい　□ちょうどよい　□小さい
・カバーデザインやページレイアウトは?　□好き　□普通　□嫌い
・この本でよかった項目 [　　　　]
・この本で悪かった項目 [　　　　]

●興味のある分野を教えてください(あてはまる項目に○。複数回答可)。
また、シリーズに入れてほしい職業は?

医療　福祉　教育　子ども　動植物　機械・電気・化学　乗り物　宇宙　建築　環境
食　旅行　Web・ゲーム・アニメ　美容　スポーツ　ファッション・アート　マスコミ
音楽　ビジネス・経営　語学　公務員　政治・法律　その他
シリーズに入れてほしい職業 [　　　　]

●進路を考えるときに知りたいことはどんなことですか?

[　　　　]

●今後、どのようなテーマ・内容の本が読みたいですか?

[　　　　]

お名前	ふりがな [　歳] [男・女]	ご職業・学校名	
ご住所	〒[　－　]　TEL.[　－　－　]		
お買上書店名	市・区 町・村　書店		

ご協力ありがとうございました。詳しくお書きいただいた方には抽選で粗品を進呈いたします。

臨床エンブリオロジスト学会や一般社団法人日本卵子学会、一般社団法人日本生殖医学会が実施している認定試験に合格すると得られる。臨床検査技師が知識や技術を学んで胚培養士になるのが一般的だが、現在は畜産を学んだ人たちがめざすことが増えている。そのため、受験対象者に大学で生物系の科目を学んだ人が含まれているよ。

食鳥処理衛生管理者・飼料製造管理者

鶏、あひる、七面鳥といった家禽は食肉処理場で解体され、出荷できるように処理される。その食鳥処理を衛生的に管理するため選出される人に与えられる資格が、食鳥処理衛生管理者だ。卒業後資格に関連する仕事に就いた時に取得可能な任用資格で、通常は講習を受けるが、獣医師や畜産関連の学部を卒業した人は講習が免除される。

飼料製造管理者は、配合飼料工場などで飼料や飼料添加物の製造において品質や安全管理を行う人に与えられる資格。飼料を通して畜産物の安全を守る飼料の専門家だ。こちらも卒業後、資格に関連する職務に就いた場合に取得可能な任用資格だ。

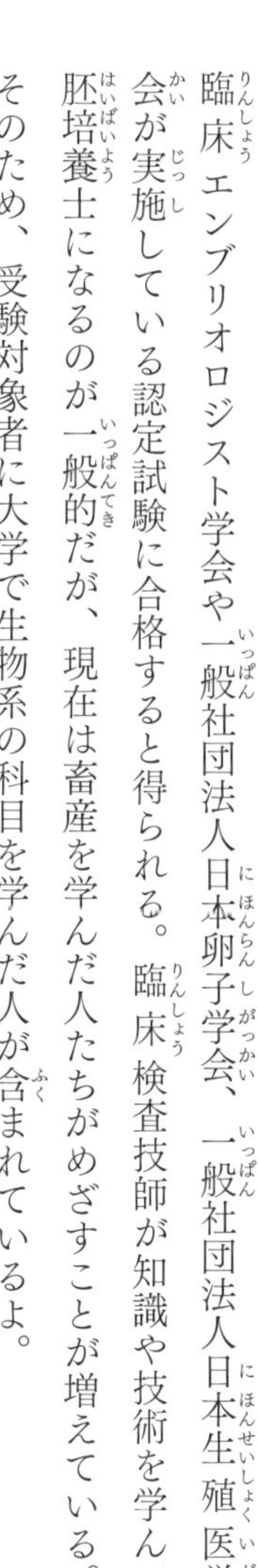

動物好きの夢をかなえてくれる4年間

帯広畜産大学

畜産学部植物生産科学ユニット 准教授

相内大吾さん

取材先提供

博士（農学）。近年ではめずらしい帯広畜産大学出身の生え抜き教員。応用昆虫学が専門で、農業害虫などをどうやって防除するかを研究している。

生産から食卓まで

帯広畜産大学（帯畜大）のある北海道十勝地方は、酪農や畜産、畑作といった農業生産がさかんで日本の食料生産の中心です。大学では、食料や生命、環境をテーマに農学や畜産科学、獣医学の教育や研究を行っています。

獣医学を学ぶ共同獣医学課程の学生は、1年生から同じユニットで学びますが、農学や畜産科学を学ぶ畜産科学課程の学生は、1年生の時は全員が同じカリキュラムで農畜産全般の基礎知識を学びます。

そして2年生になってからは、家畜生産科学、環境生態学、食品科学、農業経済学、農業環境工学、植物生産科学の六つの教育ユニットからひとつを選択して、より専門的な知識や技術を学びます。この六つの教育ユニットは、農場から食卓まで、農畜産をいろいろな側面から学べるようになっています。

農業や畜産を取り巻く環境は変化しており、学問の幅がどんどん広がっています。農畜産学分野で活躍する人材を育てるには、ただ知識を増やすだけではなく、実学として体験することが必要です。

また、環境や食料安全保障の課題の解決には国際協力が必要です。そんな状況を踏まえ、かつて、座学中心だったカリキュラムが改変され、実習や国際系の科目が増えました。体を動かし、感じながら学ぶというのが、帯畜大の特徴です。

私は、応用昆虫学や土壌栽培学の授業を担当しています。また、農業害虫や衛生害虫などの生物的防除について研究しています。害虫に寄生して病気を引き起こす菌で、害虫を防除する方法をつくろうとしています。

命をいただく意味を知る

入学では1年生の時に、全学農畜産実習という授業があります。そこで特徴的なものは、豚の飼育から加工まで行う実習です。

実習で飼育を始めてから3、4カ月で大きくなります。学生たちは各班で子豚を一頭ずつ担当し、毎日エサをやり、健康をチェックし、豚舎の掃除をしてと、飼育をしていきます。そして大きくなったら、解体してソーセージをつくるのです。

もちろん、解体をするのは専門の人ですが、学生はそのようすを見学します。見学は強制ではありませんが、ほぼ全員が参加します。

ふだん食べている肉がどのように食卓まで届くのか、飼育から加工まで行って、「命をいただく」という意味を知るという帯畜大ならではの実習です。

そのほかにも、搾乳してアイスクリームをつくったり、ジャガイモを栽培したりと、さまざまなこともやります。大学の農場は東京ドーム30個分以上の広さがあるので、トラクターの操縦実習や乗馬実習も含まれます。

2年生になるとユニットに分かれて、食品分析や牛の飼育など、専門的な実習をします。植物生産科学ユニットなら、広い畑やビニルハウスを任されて、品種選びから肥料、防除まで自分たちで考えて育てます。どう育てるかは学生たちに任されているので、収穫する時の作物の出来には差が出ます。

実習の最終日には収穫祭があり、バーベキューをして、自分たちでつくったものを食べています。1年生がつくったソーセージと2年生が育てた野菜を物々交換するなどということも、帯畜大ではよくある光景です。秋の学祭では、実行委員会がホットドック屋さんをするのですが、帯畜大産のジャガイモを使ったフレンチフライや、学生がオリジナルのスパイスを使ってつくったソーセージ、地元パン屋さんとつくったパンでホットドックを提供します。

動物好きならたまらない

農場は広く、牛や馬がのんびり歩いている光景は、動物の好きな人ならたまらないと思います。畜産フィールド科学センターでは、約160頭の牛を飼育しています。もちろん専門の職員もいますが、世話や搾乳をする「うしぶ。」という学生サークルが手伝います。生乳は学内の工場で加工され、牛乳やアイスクリームとして学外に販売されています。

また、馬も20頭ほどおり、こちらは馬術部などの学生たちが世話をし、乗馬などをしています。畜産学部というと家畜のイメージがありますが、野生動物の研究もしています。

卒業論文の研究は、近所の生産者に協力してもらうこともよくあります。搾乳やジャガイモの収穫など近所の農家でアルバイトをする学生が多く、早朝に搾乳をしてから大学に来る人もいます。そんなわけで、この大学には動物好きの学生が集まっています。想像以上に女子学生や道外からやってくる学生も多いです。卒業後は北海道に残って、就職する人もたくさんいます。単科大学で、北海道の田舎にあるという特殊な大学ですが、熱望して学びに来る学生が多いようです。

冬はマイナス10℃以下、ときにはマイナス30℃になることもある極寒の土地ですが、冬はアイスホッケー部やスキー部、カーリング部が活動し、十勝の大自然を活用したカヌー探検部や自然探査会、えぞほね団などの部活があるのも本学の特徴かもしれません。産学連携にも力を入れており、いろいろな企業と共同研究をしており、地域の研究拠点になるインキュベーションオフィスがあります。

熱中する経験を

なんでもいいので興味をもって熱中することが大事です。中学や高校のうちにそんな経験をしておくと、大学の専門教育で活かされます。また、畜産学部では体を動かすことが多いので、体力に自信がある人はなおいいでしょう。動物や自然が大好きな人なら、４年間楽しく勉強できる環境だと思います。

農家のためになる仕事をしたい

帯広畜産大学
畜産学部植物生産科学ユニット　4年生
久保田浩実さん

取材先提供（以下同）

北海道出身。大学の農業実習、近くの農家で収穫のアルバイトをし、ブドウ園で卒業研究と、農業にどっぷりとつかった大学生活を送っている。

広大なキャンパスで学ぶ

食に興味があったこと、そして、祖母の家庭菜園で収穫を体験したことがきっかけで、農業を学びたいと帯広畜産大学（帯畜大）を選びました。

私は北海道・札幌市の出身ですが、学内には北海道以外の地域の出身者がたくさんいます。おかげでクラスや部活の仲間など、日本全国に友人ができました。

帯畜大へは、自然や動物が好きで、北海道にあこがれてやってくる人が多いようです。単科大学にもかかわらず敷地は広大で、牛や馬がいる風景は北海道のイメージ通りです。ただ、広すぎて移動が大変です。大学から畑までは10分、牛舎までは20分かかるので、自転車で移動します。3、4年生になると自動車で移動する人も増えます。

「命をいただく」を体感

4年間の授業で印象に残っているのは、1年生の実習です。この実習では畜産や畑作、搾乳などひと通り体験し、トラクターにも馬にも乗りました。

なかでも豚を育て、最後に解体して加工する実習では、「命をいただく」の意味を身をもって理解できました。最終日は収穫祭で、バーベキューをしてジャガバターやソーセージなど、自分たちで育てたものを食べました。コロナ禍でイベントが少なかったため、収穫祭は貴重な体験でした。畑での作業はとても楽しかったですし、このような経験は大事にしたい、自慢できるカリキュラムです。

冬場は雪が積もって屋外の作業ができないので、実習は夏場に行われます。これは北海道らしいところかもしれません。

1年生は畜産や農学などの基礎を学び、必修の授業が多いです。2年生になると植物や動物などのユニットに分かれ、専門科目を学びます。いったんユニットに分かれても、ほかのユニットの授業も取れるので、幅広く農学について学ぶことができました。

3年生の後半になると研究室に所属します。私は植物生理を研究する研究室で卒業論文に取り組み、北海道特産の醸造用（ワイン用）ブドウの栽培管理について研究しました。不要な葉っぱをつみ取る摘葉という作業が、ブドウの糖度や酸度など品質に与える影響について調べるというものです。

ブドウ栽培がさかんな北海道の池田町のブドウ園で実験させてもらいました。うまく管理できれば、ブドウの品質を改良できるのではないかと研究の結果に期待しています。今は、卒論をまとめ、ひと息ついたところです。

農家バイトで実践を知る

放課後のサークル活動は、体育会系のバレーボール部に所属しました。週に4回、がんばって練習していたのに、コロナ禍で大会が中止になり、試合に出られなかったことが残念でした。また、受験生協力隊というボランティアもやっていました。受験生に大学を案内したり、一人暮らしの相談にのったりしました。

大学のまわりには、農園がたくさんあるので、夏休みには、ジャガイモや長芋、小麦、カボチャ、ビートなど、農作物の収穫のアルバイトをしました。大学の実習では畑などの作業はしますが、手作業が多かったです。ところが、実際に農家で作業をしてみると機械作業が多く、使ったことのない機械もありました。いろいろな経験をさせてもらえ、実践を知りました。農家の方もたいへんよくしてくれて、「帯畜大生のアルバイトはとても助かっているよ」と言ってくれます。卒業式が終わったら、卒業証書をバイト先の農家さんに見せに行こうと思っているくらい、よくしてもらいました。

卒業後は、農業協同組合（ＪＡ）に就職します。農業のアルバイトを通して、農家の方はＪＡにたくさんお世話になっていることを知りました。私もＪＡの職員として、農家の方のためになる仕事をしたいと思っています。

理系の大学は大学院進学する人が多いのですが、帯畜大の場合は、進学するよりは、大

興味のある食についてとことん学んでいます

学を卒業したらすぐに就職する人が多いです。現場が身近だからかもしれません。多くが農薬などの会社や農業専門の公務員など農業にかかわる仕事に就いています。

迷わずに興味のある道へ

若いうちからやりたいことはどんどんやるといいと思います。私は中学生の頃から食に興味があって、普通科の高校に行くか、専門高校に行くか迷いました。

結局、大学で食に関する勉強ができましたが、もし高校時代にモチベーションが失われれば、この道は選ばなかったかもしれません。

大学は農学や農業に興味をもつ人が集まっていて、似たような志の人に出会える場でした。もしも興味があるなら迷わずに進んでください。きっと楽しく勉強できますよ。

品種改良で北海道の農業に貢献したい

北海道立総合研究機構十勝農業試験場

帯広畜産大学畜産学部環境農学ユニット（当時）卒業

長澤秀高さん

十勝地方の出身で地元の大学に進学。大学院修士課程修了後、北海道職員の農業普及指導員になる。その後、十勝農業試験場の研究員として、小豆の品種改良に取り組む。

取材先提供（以下同）

地域に根差す

帯広畜産大学（帯畜大）に入学したのは、生物が好きで農学に興味があったからです。実家が北海道十勝地方の畑作農家で、農業は身近でした。地元の大学である帯畜大は、動物を勉強するイメージがありました。私は植物に興味があったので進学は迷ったのですが、植物も勉強できると知って志望しました。

入学してみると、大学の敷地が広いことが印象的でした。広いことは知っていましたが、学生のために使われているのはごく一部。ほとんどは牛のための場所だったので、さすが帯畜大だと感心しました。

牛以外にも馬や豚などの動物がたくさんいて、動物が好きな学生が多かったです。環境保護や動物の行動を研究している研究室もあるので、野生動物の好きな人もたくさんいました。実家が農業や畜産業という学生もいれば、将来、農業をしたいという人もいました。

十勝にあるという強みを活かして地域に根差した研究をたくさんしていて、地域の産業にも貢献しています。大学の周辺にはたくさんの農場があり、搾乳や畑の収穫などの農場バイトがたくさんありました。このようなアルバイトは先輩から代々引き継がれていて、とりわけ人手不足の農場では帯畜大が頼りにされています。学生は農業体験ができ、地域の人と親戚づきあいのように仲良くできます。大学と地域は「もちつもたれつ」の関係です。

帯畜大ならではの実習

1年生では農学全般を勉強し、2年生になってからユニットに分かれ、3年生以降は研究室に所属します。私は育種学を学びたかったので、環境農学ユニット（当時）を選びました。ユニットに分かれてからは、植物病理学や栽培学、農業機械など専門科目を学びました。研究室では、稲の遺伝子について研究しました。

4年間で印象に残っている授業は、1年の時の全学農畜産実習です。搾乳や豚の飼育など畜産の実習以外にも、ジャガイモを育てたりといろいろ広く体験します。

部活動は、冬はカーリング部、夏は体操部にいました。カーリング部のある大学はめずらしいのではないでしょうか。以前は外で練習していたと聞きましたが、私たちは帯広にある民間施設で練習しました。カーリングの施設があるなんて、北海道ならではですよね。

小豆の新品種を開発

大学を卒業後は、大学院の修士課程に進学し、そのあと普及指導員を3年間やりました。これは、農家の人に農業技術の指導や情報の提供をしたり、経営の相談に応じたりする地域の農家に密着した仕事です。帯畜大は地域の農家とつながりが深いので、普及指導員の仕事もやりやすいところがありました。帯畜大出身者にはお勧めの仕事です。その後、品種改良に興味があったので、現在所属している農業試験場に転職しました。

私は大豆や小豆、インゲン豆の品種改良を研究するグループに所属し、小豆の品種改良を担当しています。病気に強いものや収穫量の多いもの、味がいいものなどをめざして開発します。交配したら10年かかるといわれるくらい、新品種をつくるには時間がかかります。大学で勉強した育種学などの知識がベースにあるからこそできる仕事です。ただ、今になって、土壌についてもっと深く勉強しておけばよかったとも思っています。研究では英語の論文を読んだり、海外の人と接したりするので、英語など語学も必要です。

農場での作業は主に夏に行います。冬は雪のため作業ができないので、調査やデータの整理などをします。小豆はほとんどが和菓子や製あんで使われるので、メーカーなどに委託して、加工後の品質を評価します。私がたずさわったものは「きたひまり」という品種で、また近々、新しい品種も出るんですよ。

北海道は、日本の小豆の生産量の9割以上を占めるほどの大生産地で、特に十勝地方は生産が多いです。日本の小豆のほとんどの品

農場で作業をします

種はここでつくられるので、責任があると感じています。そんな場所だからこそ、品種改良で北海道の農業に貢献したいのです。

今、心配なのは、小豆の消費量が減っていることです。若者のあんこ離れが影響しているようです。みんながもっと小豆を食べてくれるといいのですけれど。

畜産業に興味があったら

農学は広い分野が含まれる学問ですが、そのなかで畜産分野はより一次産業というか、現場に近い学問だと思います。大学のまわりには農地や牧場がたくさんあり、現場実習も兼ねたアルバイトもできます。家畜や畜産業に興味のある人はぜひ選んでほしいです。それから、和菓子もたくさん食べてくださいね。

「この人が育てた牛なら」と言ってもらいたい

卒業生インタビュー
4

斗米牧場

帯広畜産大学畜産学部家畜生産科学ユニット卒業

斗米綾乃さん

青森県出身。帯広畜産大学を卒業後、牛の受精卵の生産や販売を行う会社に就職。その後、家業で和牛繁殖農家の仕事に就く。毎日忙しいが、牛の成長する姿に癒されている。

取材先提供（以下同）

牧場アルバイトがよい経験に

私は帯広畜産大学で畜産学部家畜生産科学ユニットに所属し、草地飼料学を専攻しました。この大学や学部を選んだのは、実家が酪農家で小さな頃から後を継ぎたいと考えていたからです。

在学中に、牛の家畜人工授精師や高等学校一種の農業の免許を取得しました。家畜人工授精師は、牛の人工授精や受精卵移植を行うための資格で、家畜を安定して繁殖させるためには必要です。実家のことを考えて、家畜人工授精師の免許は必ず取ろうと決めていました。

在学中は、畜産の専門知識を得るための勉強をがんばったのはもちろんのこと、牧場でアルバイトをしたのもよい経験になりました。

大学の近くには、メガファームとかギガファームと呼ばれるような巨大な牧場から、中規模の牧場まで、規模の異なるたくさんの牧場があります。いくつかの牧場でアルバイトし、農家さんの声を直接聞くことができて、牧場によっていろいろなやり方があることを学べました。

牛を育てるということ

卒業後は、牛の受精卵の販売や移植をしている会社で1年間働きました。大学4年生の時は、教員採用試験を受けたり、酪農系や飼料系の会社へ就職活動をしたりしていました。しかし、将来は実家に帰ることに決めていたので、知識や経験を身につけられたらと思い、その会社に決めました。

1年後、実家に戻ってきました。私の家は酪農家ですが別経営で繁殖農家を始め、和牛の親を15頭ほど、子牛を9頭ほど飼育しています。メスの牛に人工授精を行い、健康な子牛が生まれたら10カ月くらいまで育てます。その後、市場でセリにかけて子牛を肥育農家に売ります。肥育農家では子牛を育てて大きくし、肉牛にしていきます。

仕事は朝6時から始まり、エサやりをしたり、生後間もない子牛には乳を与えたりします。牛にもっとたくさんのエサを食べてもらうために、牛の近くにエサを寄せるエサ寄せも大切な仕事です。乳搾りや発情期の牛がいれば人工授精をします。

日中は時期によっては、牛のエサとなる牧草や堆肥を集め、牛舎へトラクターを使って運びます。

夕方からは、牛舎の掃除や敷き藁の交換を

します。エサやりは一日2回で、夕方にも再び、エサやりやエサ寄せを行います。また、発情期の牛がいないかチェックし、発情期のタイミングの牛がいたら人工授精をします。

生き物を相手に毎日息つく暇もありませんが、牛の成長する姿を見るとほっとします。就農してまだ5年で、世の中の経済的にも厳しい状況で楽しいというよりも、日々が勉強です。

今はまだ特に目標にしているライフスタイルというものはないのですが、将来は、繁殖農家として「この人が育てた牛なら買いたい」と思ってもらえるようにがんばりたいと思っています。

知識や経験はつながっている

実際に繁殖農家の仕事をしてみて、自分の学んできた知識や経験はすべてつながっているのだと実感しています。酪農家になるのだからとその勉強だけをがんばるというよりは、なんでも学べるものは学ぶ姿勢が大切だと思っています。

実は今になって、大学時代にもっと勉強しておけばよかったと思うことがたくさんあります。大学では、畜産だけではなく、農業や土壌、経済、機械などさまざまな科目を学ぶ機会が数多くあったのに、むだにしてしまいました。ひと通り学んでおけばよかったと、今になって後悔しています。

いろいろな可能性を探ってみては

畜産学部をめざす中高生のみなさんに伝えたいのは、畜産学部の勉強は理系なので理科全般と数学ができるに越したことはないとい

卒業生インタビュー

子牛に乳を与えています

うことです。

　また、英語もとても重要です。大学では、英語の文献を読んだり英語で発表したり、あるいは、留学生と交流したりと、英語を活用する機会がとても多いんですよ。とはいっても結局は、中学、高校の時にしか経験できない、友人たちとのつきあいや部活動、恋愛などに一生懸命取り組むことがいちばんだと思いますが（笑）。

　畜産学部にかかわらず大学への進学は、自分の選択肢や視野、人脈を広げる大切な経験に必ずなると思います。もし今、進学や将来の仕事に悩んでいたとしても、いざ進んでみたら、意外な自分の興味や適性などに気がついて、新しい自分自身の発見になるかもしれません。いろいろな可能性を秘めていることに気がついてください。

3章

森林科学部について教えてください

Q13 森林科学部は何を学ぶところですか？

林学科から森林科学科へ

実は「森林科学部」という学部は実際にはない。学部ではなくて学科として「森林科学科」があるけれど、このシリーズは学部を紹介するものだから、便宜的に「森林科学部」として紹介していくよ。

この学部で学ぶのは、「森林科学」という森林資源を有効に活用し、森林環境を守るための学問だ。

森林や林業に関する学問はかつて林学と呼ばれていたが、現在は森林科学と呼ばれることが多くなっている。当時は森林を資源ととらえ、林業のための学問、あるいは林業の技術者の養成という意味づけが大きかったからだ。現在は、学問の幅が広がり、環境問題に重点が置かれるようになってきた。そのため、森林科学と呼ばれるようになっているんだ。

大学では農学部に林学科という学科が置かれていたが、今では、森林科学科、森林学コ

ースなどのように名称が変更されたり、あるいは生物資源科学科、生物資源環境学科などの学科に統合されたりしているんだ。大学によってさまざまな名称があるが、冒頭にも言ったように、本書では森林科学部として扱うよ。

森林の機能や利用を学ぶ

森林科学は、森林の機能や役割、森林資源の利用などについて学ぶ学問だよ。また、森林やその周辺の生態系、たとえば森林の生物や生物の相互作用を学ぶ。それは樹木ばかりでなく、そこに生存する動物や昆虫、きのこなど、さまざまな生物を扱うんだ。一方で、森林をどうつくるか、どう管理し、保全するか、森林を災害からどう守るかまでも考えるよ。

森林資源の利用といえば、木材の生産を中心に考えると思うけど、そればかりでなく樹木に含まれるセルロースなどの成分の利用、バイオマスといわれるようなエネルギー源としての利用、健康や観光につながる空間の利用などもあげられる。人間社会と森林の関係まで広く考えていくんだ。生物や化学など自然科学からの知見だけでなく、社会学や経済学などの視点から森林や林業を学ぶ科目もあるよ。

主な専門科目をあげると、生物系の科目では、森林生態学や森林植物学などがあり、化学系の科目では林産化学、木材化学などがある。一方で工学、特に土木系の科目も多く、測量学、森林利用学、造林学、砂防工学、治山工学などがある。また、経済や経営学系の科目もあり、森林経営学、森林政策学、森林環境経済学などがある。

実験や実習もたくさんある。演習林をもっている大学が多いので、演習林で樹木の直径を測るなどの測量実習が行われる。また、工機を使って樹木の伐採をするなど、森林の管理法を実習するんだ。

科学的な知見で問題の解決を

みなさんは、日本の国土の3分の2近くを森林が占めていることを知っている

主な学部の系統別分類

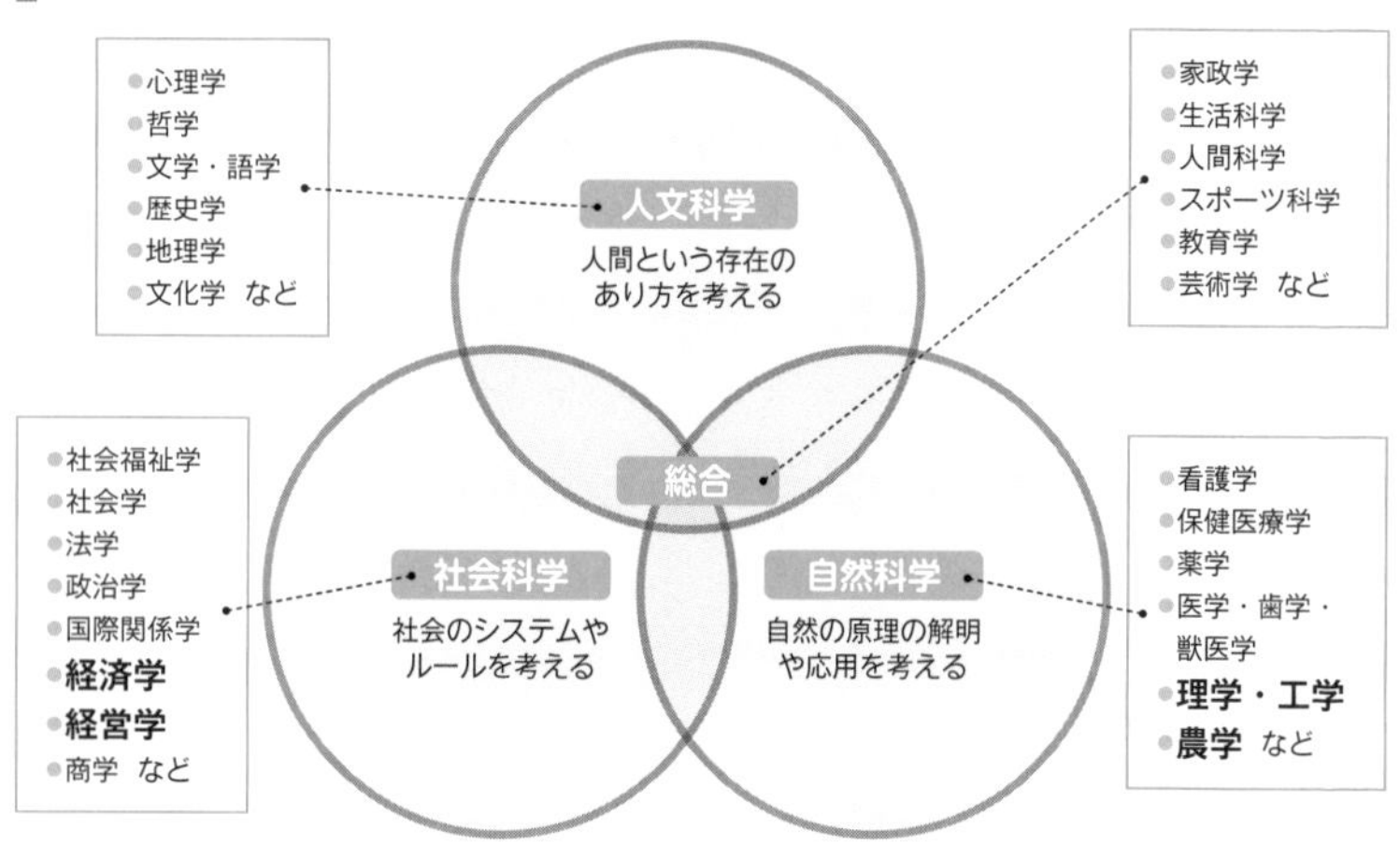

※黒の太字は、森林科学部に関連のある学部だよ！

森林の機能や役割、資源の利用について学ぶ

かな？　実は日本は、世界でも有数の森林面積が広い国なんだ。

森林には自然のままの「天然林」と、人が植えた「人工林」がある。人工林の多くは、資源となる木材を得るために戦後に植えられたもの。それらは植えられてからもう50～60年も経つのに、海外から安い木材が輸入されるようになったため、あまり利用されていない。つまり林業は、衰退の一途をたどっているんだ。残念ながら、戦後に多く植えられた杉やヒノキは、花粉症の原因にもなっている。

一方で、保水や温室効果ガスの排出抑制など、森林の地球環境に対して果たす役割に注目が高まっている。森林資源をうまく活用し、森林を保護するためにはどうしたらよいだろうか。多くの課題を解決するために、森林科学などを学び、科学的知見に基づいて活躍してくれる人の力が求められているんだよ。

Q14 どんな人が集まり、学んだことをどう社会で活かせますか？

林業に興味のある人

森林科学部は、自然や環境に興味をもち、環境問題に取り組むことに関心をもつ人が多いといわれている。どんな人が集まっているか、具体的にあげてみよう。

林業は木を育てて、森をつくり、育った木を切って売る仕事だ。木を切ったあとは、苗木を植えて新しい木を育てるよ。「木を育てて、木を切る」のくり返しだけど、木が育つには50~60年もかかるので、息の長いサイクルの仕事だね。

森の木は木材としてだけでなく、薪や炭などの燃料にもなる。地面に水を蓄えたり、二酸化炭素を吸収して空気をきれいにしたり、がけくずれなどの災害を防いだりと、さまざまなはたらきもある。このような大切な森を守ることも林業の大事な仕事だ。

こんな林業の仕事に就きたい、あるいは、あこがれのある人が集まってくるよ。

山や森林の好きな人

子ども会やガールスカウト、ボーイスカウトなどの山歩きやキャンプがきっかけで、山や森が好きになった人はたくさんいるだろう。近頃のキャンプブームから、山や森で過ごすのが好きな人が増えているし、もっと山や森を知りたいという人も集まっている。

山の中で木に囲まれて生活をしてみたい、山の中で仕事をしてみたいという人もいる。休み時間には仲間が集まり、キャンプや登山など趣味の話で盛り上がっているよ。

自然が好きな人、生き物が好きな人

森林は、樹木だけでなく、さまざまな植物や昆虫、きのこ、野生動物、鳥など自然や動物の宝庫だ。生き物についてもっと知りたいという人も集まってくる。

環境保護に興味のある人

森林を守りたい、残したいという気持ちの強い人。また、さまざまな環境問題や保護について関心が高い人。自然を守るために、山や森林をもっと知りたいと集まってくるんだ。

土木に興味のある人

土木とは人びとの生活が便利になるように、また災害から守るために、橋や道路をつくり、整備することだ。森林と土木は深くかかわっており、森林科学部では、森林を整備するために必要な森林科学と土木工学があわさった森林土木という科目があるよ。その科目では、測量技術や土砂災害を防ぐための砂防も学ぶんだ。

フィールドワークをしたい人

高校時代の生き物調査がきっかけでフィールドワークが好きになった人、あるいはフィールドワークに興味のある人が集まってくる。フィールドワークとは野外調査のこと。屋外に出て行うフィールドワークは、自然からさまざまな刺激(しげき)を受け、自分の五感で教科書にない発見ができる。森林科学部ではフィールドワークが多いので、フィールドワークが好きな人、好奇心旺盛(こうきしんおうせい)な冒険(ぼうけん)好きの人には魅力的(みりょくてき)な経験ができる。

森林と共存する社会を担う

森林にはさまざまな自然があり、その恵(めぐ)みを受けて人びとは生活してきた。けれども、人びとの生活の場が広がり、豊かになるにつれて、多くの森林が荒廃し失われている。私たちの生活は森林なくしてはなりたたないので、どうやって森林を守り、共存していくかを考えることが必要なんだ。問題を解決するには、ただ森林を保護すればいいのではなく、人が手を加えて、森林と人間のよい関係をつくっていかないといけない。そのためには、森林のはたらきを知り、森林を利用する知識や、森林をつくる知識が必要だ。これらの知識は、人びとの経験の積み重ねから生まれるんだよ。

森林科学部で学ぶ森林科学とは、森林そのものではなく、森林と人びとが共存していくための知識や技術を学ぶ実学だ。森林の育成や管理、森林の利用、山の環境や保全さらには社会学など、さまざまな視点で森林について学ぶけれど、これらは先に述べたように経験の積み重ねによるもの。大学で学んだことを活用して、森林と共存していくことは、さらに知識や技術を積み重ねていくことになる。50年後、100年後といった将来までを見据えて、課題の解決法を考えることができる。

持続可能な森林と共存できる社会をつくるための人材が求められているよ。

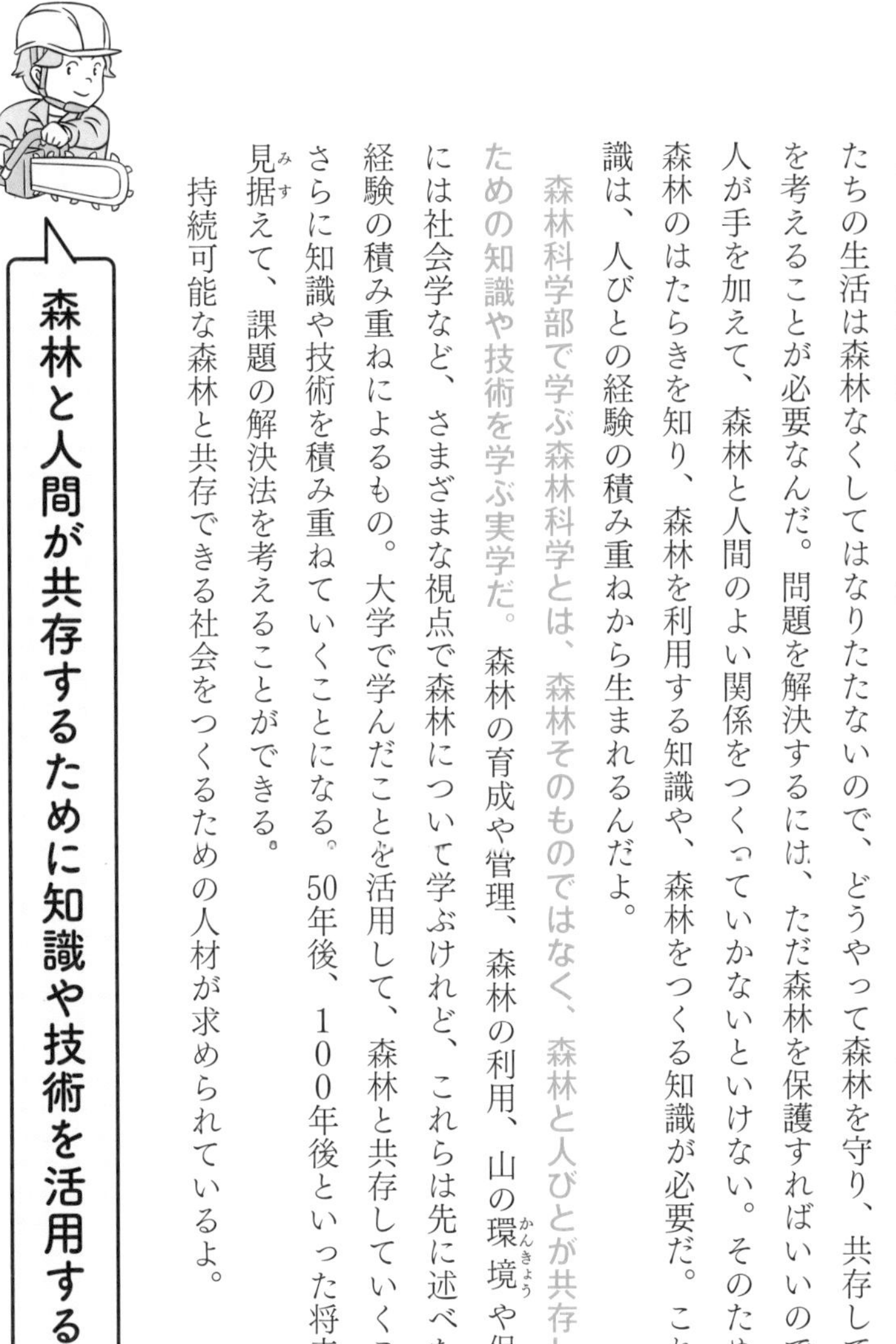

森林と人間が共存するために知識や技術を活用する

Q15 主にどんな学科がありますか？

「森林科学部」という学部はない

森林科学を学ぶことのできる大学は全国にあるが、森林科学部として独立しているところはなく、農学部あるいは農学系の学部の中に学科や専攻として含まれていると何度かふれているよね。農学は、農業だけではなく、林業や畜産業、水産業などにかかわる応用的な学問だ。そのため、**農学部の中に含まれていることが多いんだ。**

一方で、生物資源学部や生物資源科学部などの生物資源系の学部や、環境学部や環境科学部などの**環境系の学部の中に含まれていることもある。**学ぶ内容については、どの大学でも大きく変わらないが、生物資源系の学部では、森林を天然資源のひとつとして重点を置き、環境系の学部では、地球環境の保全と森林の関係に重点を置いて扱うかな。

また、地域の特色を活かしたカリキュラムにしているところも多いよ。たとえば、北なら針葉樹林、南では亜熱帯林というように森林の生態は異なるよね。そこで、森林生態も

その地域の森林を中心に学ぶんだ。その地域の生態にはどんな生物がいるか、その生態系を活かして、どのように環境やエネルギーなどの課題を解決するか、などを考えたり、学んだりする。演習林をもっている大学も多く、演習林を利用した実習や、フィールドワークが行われている。

学科としてある場合

森林科学や林業に関する学科には、森林科学科、森林学科、森林総合科学科、森林緑地環境科学科などがある。これらの学科では、森林の専門家あるいは技術者を育成することをめざして、教育プログラムが組まれている。そのため、入学時から森林科学を軸として学んでいくよ。たとえば、森林の育成から利用までの流れを軸として、さまざまな視点から森林科学の広い領域を学んでいく。そのうちに森林に対する意識はどんどん高くなるよね。学ぶ範囲が広いので、専門科目の分野も、森林の生態、生物資源としての森林、森林の景観の管理や防災など、さまざまな分野があり、たくさんの研究室がある。

だから4年生になって研究室を選ぶ時は、どんな分野に興味をもったかが重要だ。たとえば、生物に興味があれば森林生態学や増殖学の研究室へ、経営や管理に興味があれば森林政策学や森林経済学の研究室へ、工学系に興味があれば木材加工学や造林学の研究室へ、といった具合に研究室を選んで、卒業論文の研究を始めるんだよ。

先述したように、生物資源学科、環境資源科学科、資源循環学科など学科名に農学や森林とついてなくても、森林科学を学べる大学もあるから要チェックだ。

コースや専攻としてある場合

森林科学科のように「学科」としては存在していなくても、森林科学を学べるコースや専攻はたくさんある。

森林資源環境学教育コース、里地里山環境管理学コース、森林学コース、森林資源学コース、森林科学領域、地球森林科学コース、森林科学コース、林業コースなどでは、大学にもよるが、1年

森林科学部にある主な学科やコース

森林科学を学べる学科

- 森林科学科
- 森林学科
- 森林総合科学科
- 森林緑地環境科学科

など

森林科学を学べるコースをもつ

- 生物資源学科
- 環境資源科学科
- 資源循環学科

など

森林科学を学べるコース

- 森林資源環境学教育コース
- 里地里山環境管理学コース
- 森林学コース
- 森林資源学コース
- 森林科学領域
- 地球森林科学コース
- 森林科学コース
- 林業コース
- エコサイエンスコース
- 応用植物学コース
- 生産環境学コース
- 流域環境学プログラム
- 森林・環境共生学コース
- 環境生態科学コース　など

学科だけでなくコースや専攻に分かれる大学もある

生あるいは2年生でコースに分かれ、森林学科と同じくらい、しっかりと森林科学を学んで、研究をする。

エコサイエンスコース、応用植物学コース、生産環境学コース、流域環境学プログラム、森林・環境共生学コース、環境生態科学コースなどの専攻でも、森林科学は学べる。ただし、学校によっては地球環境のひとつとして、あるいは生態系のひとつとして森林を扱う程度の場合もある。このような大学では、森林科学に関する研究室の数が少ないこともあるが、森林も含めて広く環境や生態系を学びたいならこのようなコースを選ぶのもいいかもしれない。フィールドワークなどを通して森林を深く知りたいなら、やはり森林科学科のように名称に森林と含まれているところを選んだほうがいいだろう。ホームページやパンフレットなどでよく調べてほしい。

Q16

ならではの授業や授業外活動は何がありますか？　また、どんな人や世界にふれられますか？

なんといってもフィールドワーク

森林科学科の授業のいちばんの特徴といえば、実際に森林に出向いて行う実習や演習だ。

「森林のことは森林で学ぶのがいちばん」と、どの大学も実習や実験を重視しているよ。

大学によって内容は異なるが、植物の種類を調べる植生調査や森林の地形を調べる測量実習、樹木の直径を測る計測の実習はどこの大学でもやるかな。これらは、森林の調査や研究をするためには欠かせない技術なんだ。

たとえば植生調査では、人が入らないような森林の奥まで行って、どんな種類の樹木が何本あるのか、どんな環境で生育しているのかを調査するよ。調査を重ねることで、どんな環境で森林ができるのか、よりよく森林が成長するにはどんな環境がいいのかということがわかってくる。また、樹木の伐採や枝打ちなど、森林を整備するための技術を身につけたり、林業の現場作業を体験する実習もある。チェーンソーを使って木材を輪切りにしたり、ショベルなど作業機械の体験をしたりするよ。一方で、木の苗を植えて育てる実習や野生動物の調査、土砂くずれなどの災害を理解するための現地調査などもある。

　これらの実習は大学構内で行われることもあれば、遠方にある演習林で行われることも。遠方の実習では、山の中で宿泊して行われるよ。宿泊実習では、同級生などとも仲良くなり、地元の人との交流も生まれるよ。

インターンシップやボランティアも

　国内や海外の森林に出かけ、さまざまな森林生態を調べる実習もある。地域によって森林の生態は異なるので、現地調査などを通して、違いを理解するんだ。

　林業の現場や森林保全の施設など大学が提携する施設に行って、職場体験をするインターンシップが行われている大学もあるよ。希望者のみだけど、夏休みなどを利用して、現場の仕事を体験するんだ。大学で学んだことが実際の現場でどう活かされるのかがわかるから、将来の進路を考える絶好の機会だ。

　森林整備をするボランティアサークルもある。大学の演習林をはじめとしていろいろな場所に行って、学んだことを実践する。あわせて、環境教育のボランティアまですることもある。大学生活の4年間に、森林を体験する機会がたくさん用意されているんだよ。

森林ならなんでも

森林科学科ならではの授業といえば、樹木学や森林保全学といったものがあげられるね。それから林業経営や山村社会など、森林をとりまく社会についても扱う。たとえば森林経済学、山村コミュニティ論、森林文化論などの科目。これは社会科学の知識が必要になるんだ。

森林から生み出されるものは木材だけでなく、山菜やきのこなどの食料もある。そういった食料も、森林科学などの科目で学ぶ。木を運ぶ林道なら土木工学だし、防災なら砂防学といった具合に、森林科学科ならではの授業ばかりだ。砂漠の緑化や熱帯雨林地帯の造林など国際的な環境保全も加わるから、かなり幅広く学ぶことになるね。

地域に密接

森林科学部はフィールドワークが多いので、演習林を含

森林でのフィールドワークは必須だ！

めていろいろな森林で調査や研究をすることになる。森林は人がきちんと管理しないと維持できないので、森林を管理する人が必要だ。大学の演習林なら、専門の職員や先生がいてお世話になる。座学では聞けないいろいろなことを教えてもらえるよ。

実習あるいはインターンシップやボランティアを通して、演習林以外の山や森林に行くこともある。森林は、その地域に住んでいる人びととの結びつきが深い。地域の人が森林を管理しなければ森林を維持できないし、その地域の人びとの生活は森林に支えられているからね。たとえば、**その地域の森林を管理している林業組合の人や地域に住んでいる人と知り合うこともある。**そういった現場に飛び出せば、その地域でどう森林とつきあっているのかがわかるし、どんな問題があるのかも知ることができる。たとえば、シカやイノシシなどの食害の問題などを現場で目の当たりにするし、ともに解決策を考えることができるかもしれない。また、木材の加工をする人、役場の人などにもお世話になるだろう。

森林と地域の生活は密接なので、森林を通して自然とともに生きること、森林と人との関係が見えてくるかもしれない。

Q17 学生の一日と入学から卒業までの流れを教えてください

実習に打ち込む3年生

森林系の大学生の一日を見てみよう。3年生になると授業や実習は専門科目ばかりになる。授業が始まるのは9時からだ。遅刻は厳禁。教室をめざして猛ダッシュする学生もたくさんいる。午前中の授業は森林計画学と森林生態学。将来の世代まで森林を残すには、計画的な利用が大事だ。そのための方法や理論を学ぶ。森林生態学では、森林にどんな生物がいて、どんな生態系があるかを学ぶ。土壌の大切さや気候の影響の大きさを実感する。

お昼は屋外のベンチで昼食だ。樹木を眺めながら友人とおしゃべり。学内の樹木や植物には名札がついており、いつのまにかどんな木がどこにあるのかを覚えてしまう。

午後は森林工学実習だ。工作室に行って、作業着を着てスタンバイ。課題は椅子をつくることだ。実は材料の木材は、森林実習の時に自分たちで伐採したもので、板に加工し、木目を観察したり、木材の品質を判定したりしたんだ。

16時半に4時限が終了し、今日の作業は終了。どんな椅子になるか楽しみだ。その後は森林サークルの活動に参加して、20時頃に帰宅する。夕食をとり、入浴したり、インターネットを見たりして0時頃に就寝だ。

入学から卒業まで

4月に入学すると新入生オリエンテーションがある。オリエンテーションは、大学の近くの演習林で行われる。森の中に宿泊し、森林とはどんなものかをまずは体験するよ。

授業は座学が中心で、英語などの語学、生物や化学などの基礎科目が中心だ。それに加え、森林概論や森林基礎実習など

3年生の実習がある一日

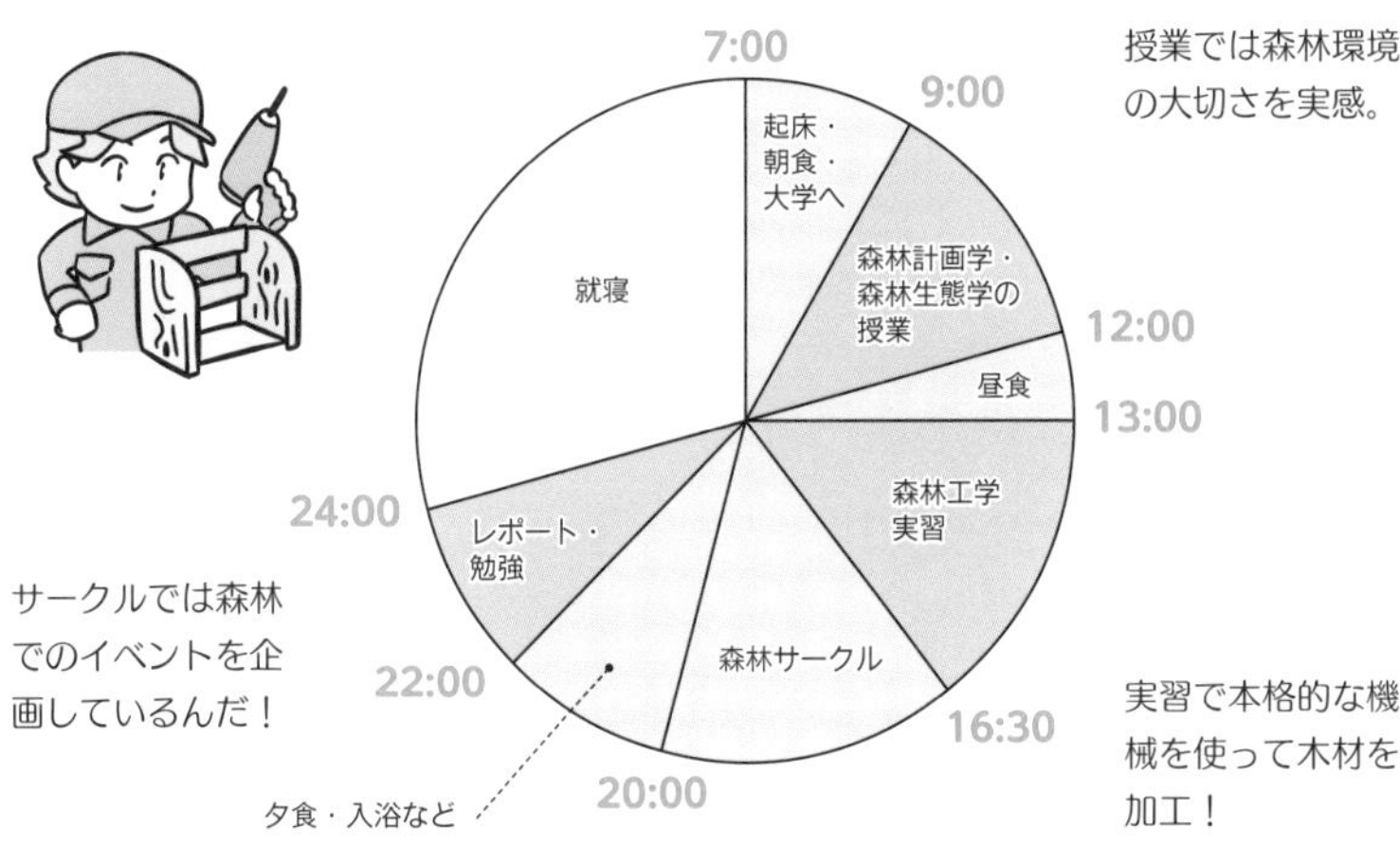

の授業で、森林科学分野の概要を学ぶ。
7月に学期末試験があり、その後は夏休みになる。高校と違って大学の夏休みは2カ月間と長い。夏休みには、長期の森林実習が行われる。遠方の演習林で行われ、森林のいろいろな生態を知ることができる。9月後半に後期の授業が始まり、秋は学園祭がある。年末年始の冬休みが終わると間もなく期末試験が始まる。試験が終われば春休みだ。

2年生の授業は専門分野の科目が増え、実習も多くなり、フィールドワークの楽しさを実感するよ。たとえば、樹木実習では樹木を観察し、樹木の分布や形態についての理解を深めるんだ。夏休みなどの長期休暇には、さらに専門的な森林

入学から卒業まで

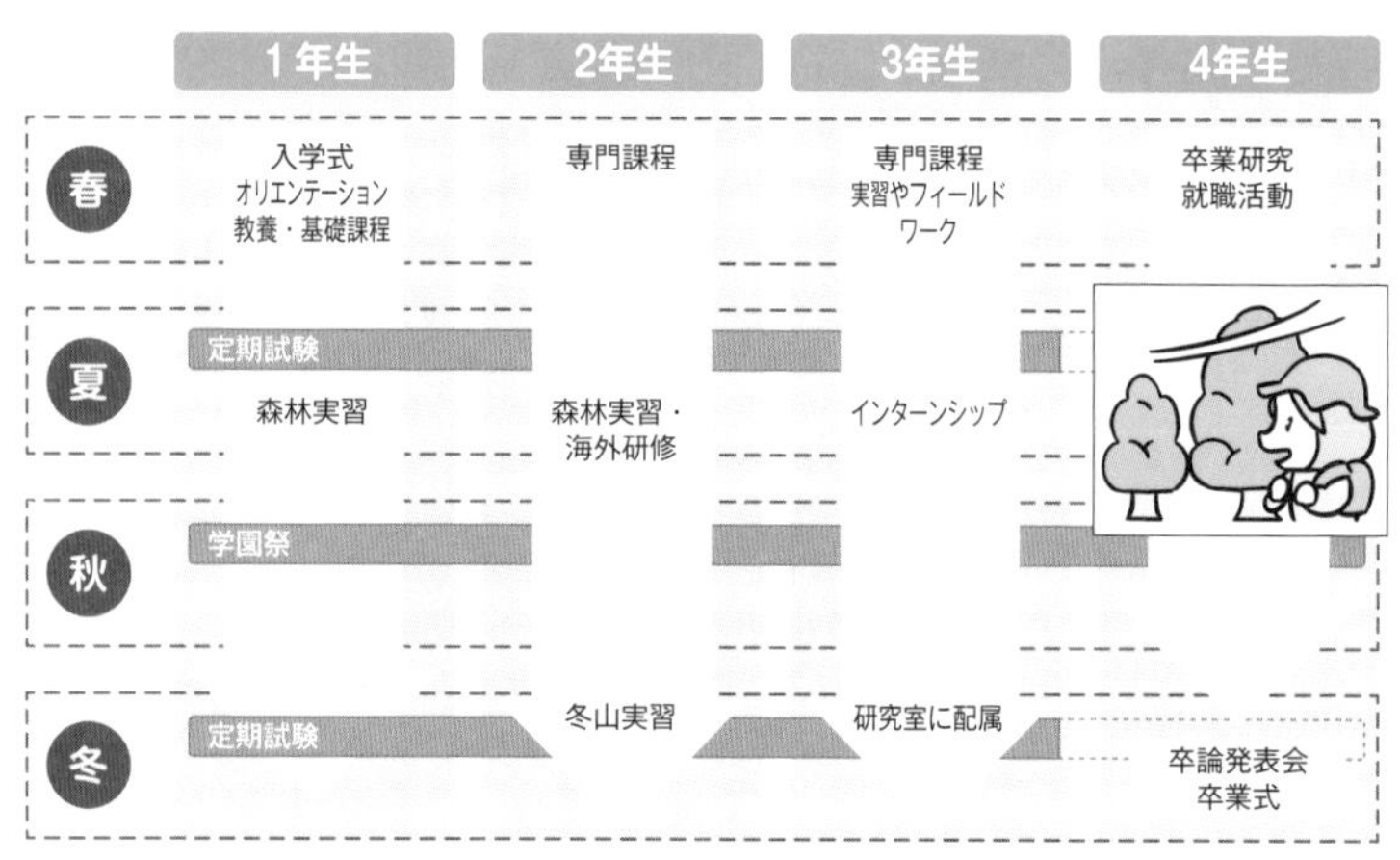

実習やフィールドワークが盛りだくさんの大学生活だ

実習や希望者対象の海外研修旅行も行われる。海外実習では日本では見られない樹木や森林環境にふれられるし、冬の実習では雪山の体験もする。

3年生は専門科目や実習がもっとも多い学年だ。フィールドワークも多く、同じクラスのメンバーとの交流もどんどん深まるよ。大学によっては3年生の後半から研究室に配属されるので、どこの研究室に行こうかと気になる。また、卒業後の進路も考えないといけないね。学内では就職説明会や公務員試験説明会が始まり、公務員志望者は試験の準備を始める。夏休みを利用してインターンシップに参加する人もたくさんいるよ。

4年生は大学生活の集大成の学年だ。就職活動がスタートし、研究室で調査や研究をして卒業論文を書く。大学院進学をめざす人は、夏休みに大学院入試が行われる。秋になると就職活動は一段落し、本格的に研究に打ち込む。2月には卒論発表会が行われる。研究テーマはさまざまなので、ほかの研究室の発表を聞くことは勉強になるよ。3月に卒業式を終えるとそれぞれの道を歩むことになる。森林関連の仕事に進む人が多いので、就職後に出会うこともあるかもしれない。大学生活で築いた絆はこれからも支えになっていく。

Q18 就く仕事と取れる資格を教えてください

森林科学の知識を活かして就職

森林科学部の学生の卒業後は、公務員になる人が多いのが特徴だ。民間企業に就職した人、公務員とも、大学で学んだ専門知識を活かしているよ。

民間では、材木やパルプの製造、木材市場など木材産業、木材の使い先である住宅産業、建材メーカー、建築土木などの企業で働く人が多い。また、森林開発にかかわる、測量会社、観光開発、不動産、環境緑地産業、建設コンサルタントなどの企業で、林業技術者として活躍する人もいる。林業技術者は、林業に関する専門知識や技術を活用して、森林の育成や開発、利用などを計画、さらに現場で監督をするなどして計画を実施する。

公務員試験を経て、国家公務員や地方公務員になる人についていうと、国家公務員は林野庁、国土交通省、環境省などに入り、林業や開発、保全にかかわる仕事をする。地方公務員になると、都道府県の森林系や土木系の部署で、森林や木材に関する研究をしたり、

技術指導を行ったりする。

地域の森林組合で働く人も多いよ。森林組合とは、森林の所有者が森林の管理や保全を共同で行うための団体で、協同組合のようなものだ。林業の仕事をしたい、林業技術者になりたい人は、まず森林組合や林業会社に就職するのが主要な進路だ。就職後、林業の仕事に必要な林業技士などの資格も取ることになる。各都道府県では講習会を開くなどして、林業の仕事をしたい人の支援をしているよ。また、途上国の森林保全にかかわりたいと、青年海外協力隊やＮＧＯ（非政府組織）の職員として海外に飛び出す人もいるよ。大学院に進学した後、民間企業や公務員として専門知識を活かした仕事をしている人もいる。

取得できる資格の種類も多い

所定の課程や単位を取ると得られる資格のほか、卒業後に実務経験を経て、申請すると得られる資格や受験資格が与えられるものもある。林業関連の資格には多くの種類があるので、就職してから必要に応じて資格を取る人が多い。

必要な科目の単位を取り、卒業すると得られる資格

森林科学科のある多くの大学で卒業すると取得できる資格には、技術士補（森林部門）、

測量士補、自然再生士補、樹木医補、森林情報士2級、GIS学術士、林業架線作業主任者、環境衛生指導員などがあげられる。これらの資格は、卒業後に実務経験を積んだり、講習を受けたりすることでさらに上級の資格にチャレンジできる。

また、高等学校教諭一種免許状（理科、農業）、中学校教諭一種免許状（理科）など教員免許を取得できる。

技術士補（森林部門）について、説明しよう。技術士とは、高度な知識や技術をもつ技術者のための国家資格。文部科学省の所管による国家試験に合格した人に与えられる。日本技術者教育認定機構（JABEE）の基準を満たしていると

森林科学部で取得をめざせる主な資格

●多くの大学で取得できる資格

技術士補（森林部門）

測量士補

自然再生士補

樹木医補

森林情報士２級

GIS学術士

●実務経験の必要な資格

林業普及指導員

林業技士

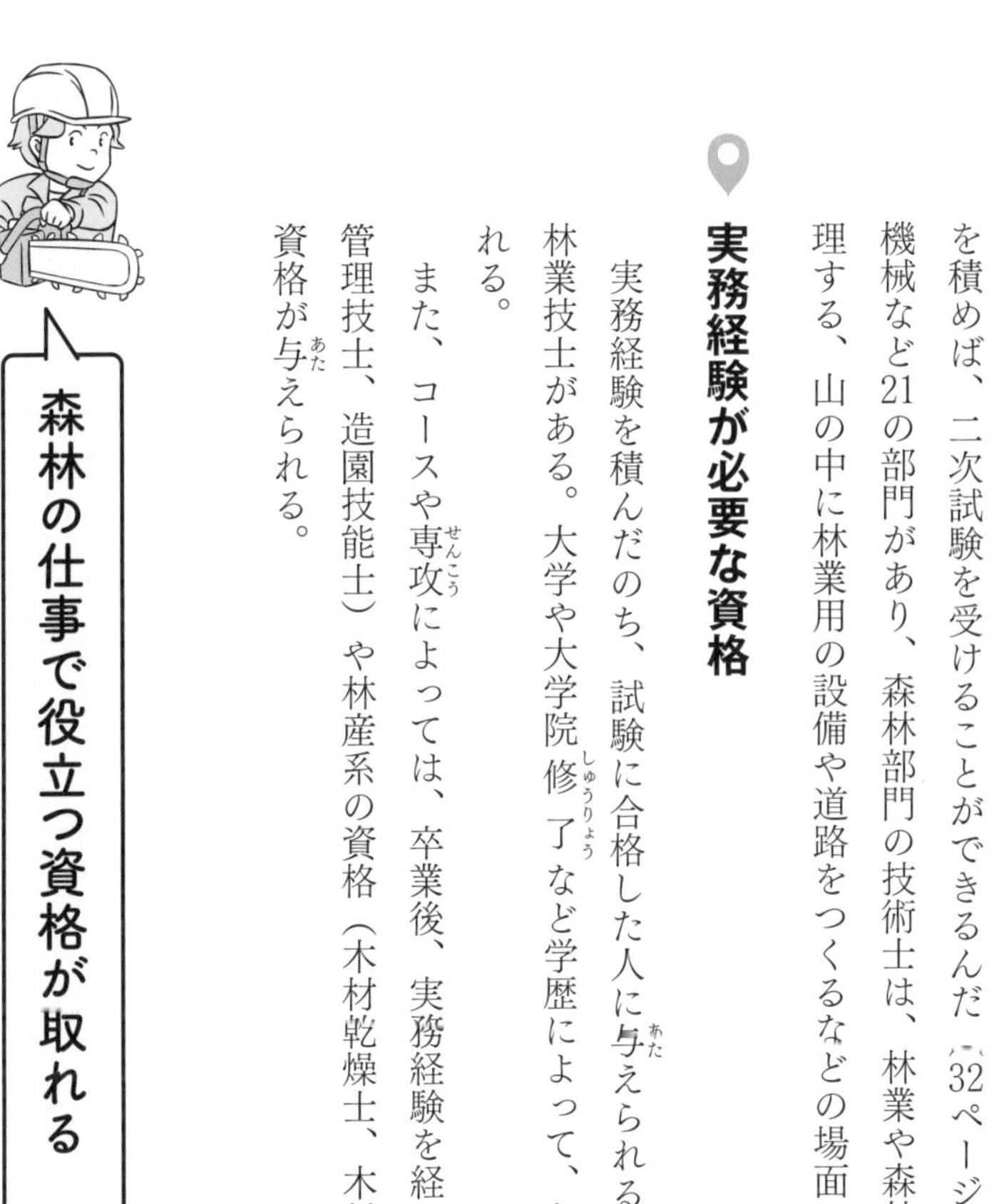

森林の仕事で役立つ資格が取れる

認定された大学で授業プログラムを修了すれば、技術士補になれる。その後、実務経験を積めば、二次試験を受けることができるんだ（32ページ参照）。技術士には電気電子や機械など21の部門があり、森林部門の技術士は、林業や森林土木にたずさわり、森林を管理する、山の中に林業用の設備や道路をつくるなどの場面で活躍するよ。

実務経験が必要な資格

実務経験を積んだのち、試験に合格した人に与えられる資格には、林業普及指導員や林業技士がある。大学や大学院修了など学歴によって、必要な実務経験の期間が短縮される。

また、コースや専攻によっては、卒業後、実務経験を経ると、造園系の資格（造園施工管理技士、造園技能士）や林産系の資格（木材乾燥士、木材切削士、木材接着士）の受験資格が与えられる。

森林から学び、森林に学び、森林を学ぶ

東京農業大学
森林環境工学分野　林業工学研究室　教授
矢部和弘さん

博士（林学）。林業工学が専門で、どうすれば森の中で環境をこわさないで道をつくれるか、安全に林業をするにはどうすればいいか、などをテーマに研究している。

編集部撮影

森林の機能や役割を解き明かす

海外の大学では、林学部など林業にかかわる学科や学部がたくさんあります。しかし日本の大学では、数がそう多くはありません。

東京農業大学（東京農大）でも、かつては林学科がありましたが、現在は森林総合科学科として、広く森林について学ぶという学科になりました。森林資源保全学、森林環境工学、森林資源利用学、森林社会科学の４分野８研究室からなり、「森林から学び、森林に学び、森林を学ぶ」をモットーに、森林の機能や役割を解き明かします。

日本は森林が多く、かつては林業がさかんでした。しかし、海外から木材の輸入が自由化され、安い木材が入ってくるようになると、日本の木材の値段は下がり、林業人口が減っ

てきました。今も林業人口は少なくなっていて、管理されていない放置林が増えています。適切な管理をしないと、木は成長しなくなってしまいます。

一方で、林業は日給制や日給月給制で働く人が多く、若い人にとっては働きにくく、後継者も減っています。つまり多くの問題をかかえているのです。

私が所属する林業工学研究室では、林業をするために森林の道をどう整備するか、生態系をこわさないようどのようにチェーンソー（モーターやエンジンなどで刃を回転させて木を切る機械）などの林業機械を活用するか、といったことを研究しています。

林業は重労働な上、労働災害が多い産業です。ほかの産業に比べて、死傷率も10倍くらい高いといわれています。日本の森林は急傾斜地が多いので、伐採した木が思わぬ方向に倒れて事故が起こることや、重機やチェーンソーなどでケガをすることもあります。そのため、近年増えてきた高性能林業機械を活用し、少しでも災害を減らし、安全に林業が行えるよう取り組んでいます。

山を知ることから

森林総合科学科に入学してくる学生は、「山が好き」「環境に興味がある」といった人が多いです。なかには「クマが好き」という人や、「きのこの研究をしたい」といってくる人もいます。大学には野生動物の生態を研究している研究室もあるんですよ。

学生の学びは、山を知ることから始まります。入学すると学外実習で、まずは山や緑に親しんでいきます。東京の西端の奥多摩に大学の演習林があるので、そこで樹木の観察をしたり、実際に木を切り、重機を動かしたりなど、いろいろな実習をします。ドローンなど先端技術を使って、作業を効率的にする研究なども演習林でしています。

1年次は、森林の植物や地形、地質などの基礎を学び、2年次では森林の保全や造林、林業工学や森林経営学などより専門的な事柄を学びます。3年次になると、自分の勉強したい方向を決めて、各々が研究室に入ります。東京農大では森林経営や森林政策など、文系の科目を学ぶことも特徴です。

大学卒業後に、実際に山で働く人は2割くらいです。国では、「緑の雇用制度」という林業で働きたい人を支援する制度を設けていて、研修を受けることができます。また、木材関連の企業や住宅関連の企業など、卒業生は幅広い分野で就職していきます。

森林にかかわる業界は、たずさわっている人が限られている分野なためか、卒業生同士のつながりが強い印象があります。また、企業側も、少しでも専門を知っている学生を採用したいと就職も有利です。

一方で、公務員になる人もたくさんいます。公務員には、林業職という森林の整備や管理をしたり、林業を普及したりといった林業専門の職がありますが、人手が足りていないのです。大学では、対策講座などを行って公務員志望者を支援しています。

農業高校の森林科学科などで教員になる人もいます。大学院に進学する人は学内のほかの学部や学科に比べて少ないですが、過去には、イギリスやニュージーランドに留学した人もいます。

自然が相手ということ

この学問の魅力は、なんといっても自然が相手ということでしょう。扱うものが大きいので、いろいろなことにチャレンジできますし、視野も広がります。

森林は木材の生産のほか、洪水や土砂災害の防止、二酸化炭素を吸収する、水源を守るなど、さまざまな役割をしています。日本は森林面積が国土の7割を占めるほど大きく、このような国はほかにはあまりありません。

ですから、とりわけ森林の果たす役割は大きく、森林に関する勉強や仕事をすることはやりがいがあります。地球温暖化の主な原因とされている二酸化炭素の吸収源として、また、材木として使えない木を利用したバイオマス発電など、環境の面からも森林に対する企業の関心も高まっています。

五感を駆使して

もしみなさんが、この学部に興味があるのなら、まずは山や森に行ってみてください。どこの山や森でも構いません。行ってみれば、必ず山が好きになりますよ。

山や森に行ったら、生き物のようすを観察したり、山や森の空気を感じたり、木にふれてみたりと、視覚、聴覚、嗅覚、味覚、触覚の五感を使っていろいろなことを感じてください。それをくり返していると、そのなかには、「不思議だな」と思うことも出てくるでしょう。

何か疑問があれば、ぜひその答えを探しにこの学部へ来てください。

森林と生き物のつながりを学ぶ

東京農業大学
地域環境科学部森林総合科学科　4年生
若山彩貴さん

編集部撮影（以下同）

自然の中や山を歩いて植物を見るのが大好き。林業に興味をもって、森林総合科学科に進学した。卒業研究では、土の中の微生物について調べている。

森林の再生に役立ちたい

私が東京農業大学（東京農大）に進学したきっかけは、中学生で農業体験をしたことです。もともと自然が好きだったのです。

また、手入れされなくなった森林が増えていることや、手入れされずに放置された森林が増えると災害につながることを知り、林業に興味をもつようになりました。森林について勉強して、森林の再生や災害の防止など何かの役に立ちたいと、森林総合科学科を選びました。

授業では、ほぼすべての科目に力を入れて勉強してきましたが、なかでも印象に残っている科目は森林立地学と治山工学です。森林立地学では、森林には土壌や地形、植物などいろいろな要素があって、それらが相互に関連しあって、つながっていることがおもしろいと思いました。治山工学では、森林の荒廃が災害につながる仕組みや、その災害を防ぐにはどうしたらよいか、といったことを学びました。

特に土の中の小さい生き物と土壌の循環サイクルがかかわることがおもしろくて、造林学研究室では土壌微生物について研究しています。土や植物体サンプルから微生物を培養し、PCR、シーケンス反応によって塩基配列を特定し種を明らかにすることや、微生物と樹木とのつながりを考えることが楽しいです。

卒業後は大学院に進学し、将来は森林にかかわる研究の仕事に就きたいと考えています。樹木と微生物の共生、緑化事業や環境修復にも興味があります。そんな研究ができればいいなと思っています。

その他の進路としては、公務員志望の同級生もいれば、企業への就職を志望している人もいて、職種は幅広いです。

研究室で実験や研究を体験

大学の授業では、1、2年生では基礎的なことを学び、座学がたくさんありました。週1回、森林学実験実習があり、そこで土壌成分を調べたのがおもしろかったので、よく覚えています。

私は通常のカリキュラムのほかに、学芸員や司書の資格を取るための課程も選択しました。その授業は5、6時限に行われることが多く、終わると19時30分になっています。朝は9時から授業が始まるので、授業を丸一日受けることはとても大変でした。

２年生の時には、研究室のお手伝いをしたことが興味深かったです。研究室によって制度は違うようですが、私は自分から参加したいと研究室の先生にお願いしました。お世話になったのは、森林生態学研究室でした。この研究室では、植物や動物など森林の生態やその保全について研究しています。授業の空き時間や授業のない日に研究室に行って、大学院生の実験のお手伝いをさせてもらっていました。

はじめて見る実験器具を実際に触らせてもらったり、演習林での調査にも連れていってもらったりして、研究にがぜん興味をもちました。先生や大学院生には森林の生態や分析機器の使い方まで、いろいろなことを教えてもらいました。勉強会にも参加し、統計やデータの分析を学んだことも、今行っている卒業研究にとても役に立っています。

ボランティアで社会を実感

大学での学びは充実していましたが、大学生活は新型コロナ感染症の流行と重なってしまい、サークル活動はできず、多くのイベントが中止になってしまいました。３年生で、ようやく学園祭のポスターやパンフレットをつくることに参加できました。

一方で１年生の時に、高校時代の社会の先生に紹介されて、高校の同級生といっしょにボランティア活動をしました。路上生活者の支援や生活保護申請の手伝いをするというもので、都会の路上生活者の実態がわかり、考えさせられました。

また、１、２年生では塾の講師を、３年生の時は映画館でもアルバイトをしました。

学生インタビュー

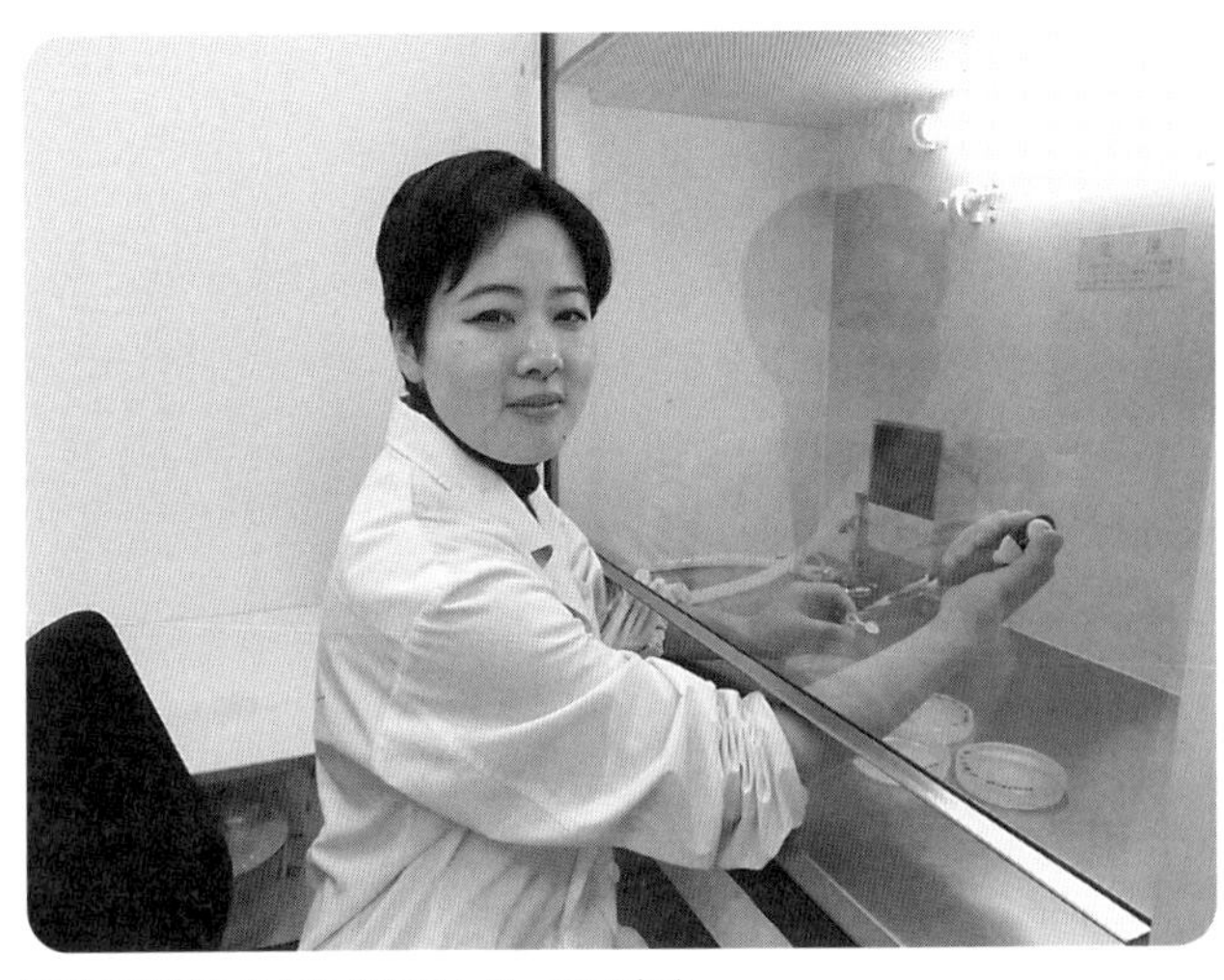
森林の研究にかかわりたいと思っています

映画が好きなので、映画館のアルバイトは楽しかったですね。

先生との距離が近い学びを

森林総合科学科は、勉強する幅が広いのが特徴です。森林学実習や測量実習など実習が多いのでいろいろなことを体験できますし、森林の生物のみならず木材や土木まで幅広く学ぶことができるので、勉強する価値はあります。実地でも学べますし、先生との距離も近いことも特徴です。研究室には大学院生もたくさんいて、和気あいあいとした雰囲気です。

この学部は文系の科目で受験できるので、高校の勉強をがんばれば入学しやすいと思います。数学や物理など理系の科目が苦手でも、入学してから基礎科目を勉強する機会があるので、不安になる必要はないと思います。

自然の中へ飛び出そう！

東京チェンソーズ

東京農業大学農学部林学科（当時）卒業

青木亮輔さん

大阪府出身。大学卒業後、１年間の会社勤めののち、林業の道へ。東京都森林組合で出会った仲間と林業事業体「東京チェンソーズ」を立ち上げた。法人化し、代表取締役。

取材先提供（以下同）

探検に明け暮れた学生時代

東京都西多摩郡檜原村で「東京チェンソーズ」という林業の会社をやっています。日本では、林業で働く人は減っていて、さかんだった昭和30年頃に比べて10分の1になってしまい、高齢化が進んでいます。そんな中、若者が集まって立ち上げた会社です。

会社のある檜原村は、全面積の93％を森林が占めている、森林の多い地域です。ここで、造林から伐採まで森林の管理、木材や木材を加工した製品の販売などをしています。

私が東京農業大学（東京農大）を選んだのは、探検部に入りたかったからです。登山家の植村直己さんの映画を観て登山や探検にあこがれ、探検部のある東京農大を受験しました。いくつかの学科を受けましたが受かったのは林学科だけ（笑）。今になると、この時すでに林業に縁があったのかなと思います。

入学後すぐに探検部に入部し、在学中は川下りや洞窟探検に夢中になりました。モンゴルの洞窟やメコン川など、海外遠征にも行きました。卒業後も探検に行くために研究生として1年間大学に残りました。

探検部の活動をしながら、大学を卒業できたのは同級生の支えがあったからです。物理など理系の科目は苦手でしたが、自然や木について勉強するのは楽しかったです。

3年生になって木材工学研究室に入り、卒業研究では探検先のモンゴルの樹木の年輪について研究しました。

印象に残った授業は、厳しい先生で単位をもらうのに苦労した「林産化学」ですね（笑）。それから「測量実習」。みんなで泊まり込んで演習林で測量することが楽しかったです。同級生は自然が好きな人ばかりで、環境問題に関心の高い人も多く、私も環境に敏感になりました。

林業で独立する

研究生として最後の探検を終えると、燃え尽き症候群のようになり、しばらくは何も手につきませんでした。何か仕事をしなければと英語教材を販売する会社に就職しました。1年ぐらい経つと、自分がやるべき仕事がほかにあるのではないかと考えるように。

それで、自分が学んだことを活かして林業をやろうと、林業会社などに問い合わせをしても、「都会の人に山仕事なんてできるわけない」と相手にされませんでした。

そんな時、不況時の失業対策事業として

6カ月間の林業の仕事に出合い、雇ってもらうことができました。勤務時間以外の土曜日も手伝うなど、現場の人と信頼関係を築き、雇用期間を延長してもらうことができました。

さらに、森林組合でアルバイトをして、事務仕事から作業の段取り、樹木の育成までひと通りできるようになりました。森林組合では私に続いて若い人が働くようになりましたが、労働条件が悪く、なかなか改善されませんでした。これでは、せっかく若い人が林業をめざしても続きません。

それならば自分たちでやろうと、2006年に独立しました。最初は大変でしたが、次第に仕事が安定してきて、成果もあがってきました。会社には若い人たちも集まってきて、木材生産ばかりでなく、環境問題に関心のある人もたくさんいます。「人も森も育てる」というコンセプトのもと、木工家具やおもちゃなどをつくったり、キャンプサイトをつくったりと、檜原村の森林活用をするためにいろいろな事業を行っています。

探検も林業も

この仕事では、探検部で活動した経験が活かされています。誰も行ったことのないところに足を踏み入れる探検と、人があまりやらない林業とでは、技術をどのように活かして課題をどう解決するのか、といった考え方が似ています。

この分野の仕事では、いろいろなところで、卒業生など東京農大にかかわっている人に出会う機会がたくさんあります。在学中はかかわりがなかった人でも、不思議なことに仕事で出会うと安心できます。そこから連携して

林業の現場に飛び込んでみませんか？

仕事が進むこともあります。

大学の先生とのつながりも続いていて、困った時には相談にのってもらったり、わからないことを教えてもらうこともあります。林業は仕事がきつくて、若者がいない、給料が安いなどといわれてきましたが、今変わりつつあります。たくさんの可能性があるので、これからもチャレンジしていきたいです。

現場を知ること

自然が好きなら、環境問題に関心があるのなら、ぜひ自然の中へ足を延ばしてみてください。現場を知ることは大事です。わざわざ遠くに行かなくても、近所で十分です。

何より気持ちがいいですし、また自然は厳しいけれど、大きい存在であることを実感できます。悩みや迷いも吹き飛びますよ。

4章

水産学部・畜産学部・森林科学部をめざすなら何をしたらいいですか？

Q19

水産学部・畜産学部・森林科学部のある大学の探し方・比べ方を教えてください

まずは学部探しから

この本では、水産学部、畜産学部、森林科学部と農学系の学部をみてきた。生き物や自然が好きな人なら、大学に興味がわいたのでは？　でも、どこの大学で勉強できるのだろう。独立した学部の場合もあるが、農学部の中に学科やコースが設置されていることも多い。水産学や畜産学、森林科学などは農学の一分野だからだ。ただ、農学部は学ぶ分野が幅広いので、農学部から名称を変更している大学も多い。生物資源科学部、応用生物学部、農学生命科学部などの名称の学部も調べてみよう。

大学をさがすためのキーワード

続いて、「水産」や「畜産」、「森林」をキーワードに大学を探してみよう。さらに、水産系なら海洋、魚、水産資源など、畜産系なら家畜、動物、森林系なら樹木、林業、防災などもキーワードになる。それを手掛かりに大学案内やカリキュラムを調べてみよう。大学のホームページでは先生や研究室が紹介されていて、どんな研究をしているかわかるよ。

動物に興味があれば、畜産学部以外にも理学部や獣医学部でも学ぶことができる。同じ動物を学ぶのでも、理学部では基礎科目が多く、獣医学部や畜産学部では応用科目が多いなどカリキュラムに違いがある。動物の品種改良に興味があれば、獣医学部でも畜産学部でも学ぶことができるが、獣医学部では、家畜やペットの病気の治療や予防を中心に学ぶし、獣医師の資格を取るために6年制であるという違いがある。畜産学部では、牧場実習などの実習が多いといった特徴もある。大学は学べることが明確に分かれているわけではないので、自分の興味や将来の夢にあわせてじっくりと比べてみてほしい。

オープンキャンパスに行ってみよう

大学が絞られたらオープンキャンパスへ。実際に足を運んで大学の雰囲気を味わい、先輩たちの声を聞こう。大学ごとに特徴があるし、しっくりくるかも大学選びの大切な要素だ。

学びのキーワードから大学を探してみよう

Q20

かかわりの深い教科はなんですか？

理科、特に生物と化学

大切な科目はたくさんあるが、やはり生物と化学は必須だよ。どの学部も魚や動物、植物と学問の中心は生物だ。ただ、化学が必要なの？　と思った人はいるかもしれない。

生物を知るためには、生物の体のつくりや体内でどんなことが起こっているのかを理解しなければならない。体は化学物質からできているし、私たち生物は、体の中で起こる化学反応の連続によって生きている。つまり、生物を理解するには化学の知識が必要なんだ。だから生物と化学は勉強しておいたほうがいい。

分野によっては、物理や数学、地学を必要とする場合もある。高校によっては、あまり理科や数学を勉強しないこともあるけど、心配しなくてもだいじょうぶ。入学試験で理科の科目がない大学もあるし、大学に入れば基礎科目として生物や化学を学ぶからね。また、高校で理科をあまり勉強していない人のためのクラスを用意している場合もあるよ。

国語や英語

大学に入ると、実験などのレポートを書く機会が増える。さらに、4年生になれば卒業研究をする。知らないことを知るためには、情報を収集しなければならないし、レポートや卒業論文では、実験や観察の結果を論理的に記述しなければならない。そのためには、どうしても**読解力や文章表現力などの国語の力が必要になる。英語の論文を読む機会も増えるので英語の力も必要だ。**今から、日本語も英語も文章を読むことに慣れておこう。

情報

研究をするためにはコンピュータは不可欠だ。インターネットを使って調べ物をしたり、コンピュータで計算をしたり、グラフを書いたりする。また、実験で使う分析機器にもコンピュータが使われている。計算する時に、プログラミングができると便利なこともある。だから、**情報の授業もしっかり受けておこう。**

生物と化学が特にかかわりが深い

Q21

学校の活動で生きてくるようなものはありますか？

クラブ活動

大学では実習が多く、大勢の人びとといっしょに作業することが多い。そんな時はみんなと協力したり、役割分担したりして進めていくことが必要だ。クラブ活動でも同じだよね。みんなと協力して、ものごとを進めるという経験は役に立つこと間違（まちが）いなしだ。

研究は、実験や観察を積み重ね、その物事についての事実など新しい知見をあきらかにする。試行錯誤（しこうさくご）をくり返し、こつこつと努力を積み重ねることが必要なんだ。クラブ活動などで、努力し、何かをなしとげた経験は、研究にも活かされるよ。

また大学では、同級生だけでなく、研究室やサークルの先輩（せんぱい）・後輩（こうはい）、先生、アルバイトや研修先の上司など、つきあう人の範囲（はんい）が一気に広がる。だからコミュニケーション能力が欠かせない。特に目上の人に指導してもらう時は礼儀（れいぎ）も必要だ。クラブ活動は、同級生以外とコミュニケーションできる絶好の機会だから、積極的に参加してみよう。

委員会や係の活動

委員会や係の活動も多くの人と協力し、コミュニケーションをとることが必要だ。特に委員会などでは、学校のみんなの活動を支える努力や苦労することがある。たとえ、委員長などの役職などにつかなくても、努力したことは大学での活動で活かされるよ。

図書館に行こう

学校には図書館があるよね。大学での勉強は教科書だけでは足りず、自分で調べることがたくさんあるんだ。そんな時に頼りになるのは、大学の図書館だ。

大学の図書館は中高の図書館よりも数倍大きく、本の種類も多い。図書館を使いこなせば、学問の幅がどんどん広がるよ。とはいっても、急に図書館に行っても、どう本を調べたらいいかはわからないよね。だから、今のうちから学校の図書館に行って調べ物をしてみたり、好きな本を読んだりしてみよう。

なんでもいいので何かをなしとげてみよう!

Q22

すぐに挑める水産学部・畜産学部・森林科学部にかかわる体験はありますか？

大学のイベントや講座に参加する。

夏休みやオープンキャンパスでは、大学が中高校生向けのサマースクールや体験講座などを開催していることが多い。大学の一流の先生が優しく講義をしてくれるし、中学や高校では体験できないような最新の分析機器を使って、実験をする機会もあるよ。イベントの案内は理科室の前とか、廊下の掲示板に貼ってあることが多いから、先生にくわしく聞いてみよう。インターネットでも情報は集められるよ。最近はオンラインの講座も行われているので、自宅から遠い大学でも参加は可能だ。

生き物を育てる

大学では生物にふれる機会が多い。生き物を育ててみよう。犬や猫のようなペットにかかわらず、金魚やメダカでもいいし、植木鉢で植物を育てるのだっていい。毎日、世話を

して、元気かどうかようすをみよう。もしも元気がなかったら、どうすればいいか誰かに聞いたり、調べたりする。育てる環境を変えてみたり、エサを工夫したりした経験は、大学に入ってからの実習だけでなく、研究にも役に立つよ。

ピクニックや散歩をする

みんなの家の近くには森や川、海などの自然はあるかな。都会に住んでいる人なら、公園があるよね。わざわざ遠くまで行かなくても、身のまわりにはたくさんの自然がある。**お休みの日にはピクニックで自然を体験しよう。**登下校時に遠回りをしてもいいし、散歩をするのもいい。学校の校庭にも意外に自然はあるものだ。

身近な自然を観察してみると、「こんな木が生えていたんだ」とか、「こんな虫がいるんだ」という発見があるよ。科学は自然観察から始まるんだ。**観察して、何か疑問を見つけたら、調べてみよう。**図書館で調べてみるものいいね。散歩で抱いた疑問が大学の勉強につながることもある。それに散歩は勉強の合間の気分転換にもぴったりだよ。

まずは生き物や自然とふれあってみよう

著者紹介

佐藤成美（さとう なるみ）

博士（農学）。食品メーカー研究所勤務のあと、東京大学大学院農学生命科学研究科博士課程修了。現在サイエンスライターとして、専門誌や科学系ウェブサイトに執筆。明治学院大学、東洋大学の非常勤講師も務める。著書に『「おいしさ」の科学』（講談社）、『理系学術研究者になるには』『理学部・理工学部』『栄養学部』『農学部』（ぺりかん社）などがある。

なるにはBOOKS 大学学部調べ

水産学部・畜産学部・森林科学部 中高生のための学部選びガイド

2024年1月25日　初版第1刷発行

著者　佐藤成美
発行者　廣嶋武人
発行所　株式会社ぺりかん社
〒113-0033　東京都文京区本郷1-28-36
TEL：03-3814-8515（営業）/03-3814-8732（編集）
http://www.perikansha.co.jp/

装幀・本文デザイン　ごぼうデザイン事務所
装画・本文イラスト　保田正和
印刷・製本所　株式会社太平印刷社

ISBN978-4-8315-1656-5
Printed in Japan

仕事の実際から
なり方まで解説

なるにはBOOKS

B6判／並製カバー装
平均160頁

105 保健師・養護教諭になるには

山崎京子（元茨城キリスト教大学教授）監修
鈴木るり子・標美奈子・堀篭ちづ子編著

❶人びとの健康と生活を守りたい
❷保健師の世界［保健師とは？、仕事と職場、収入・将来性、なるにはコース］
❸養護教諭の世界［養護教諭とは？、仕事と職場、収入・将来性、なるにはコース］

★★★

16 保育士になるには

金子恵美（日本社会事業大学教授）編著

❶子どもたちの成長に感動する日々！
❷保育士の世界［保育士の仕事、保育の歴史、保育士の働く施設と保育の場、勤務体制と収入］
❸なるにはコース［適性と心構え、資格取得について、採用について］

☆

19 司書になるには

森智彦（東海大学専任准教授）著

❶本と人をつなぐ仕事
❷司書の世界［図書館とは何か、司書・司書教諭・学校司書の仕事、図書館と司書の未来、生活と収入］
❸なるにはコース［適性と心構え、資格の取得方法、就職の実際他］

★★★

56 幼稚園教諭になるには

大豆生田啓友（玉川大学教育学部教授）著

❶子どもたちの最初の先生！
❷幼稚園教諭の世界［変化する幼稚園、幼稚園教諭の役割、幼稚園・認定こども園で働く人たち他］
❸なるにはコース［幼稚園教諭の適性、免許の取得方法、就職他］

★★★

110 学芸員になるには

横山佐紀（中央大学准教授）著

❶モノと知の専門家
❷学芸員の世界［博物館とはなんだろう、博物館の種類、学芸員とは、仕事と職場、さまざまな専門性、生活と収入他］
❸なるにはコース［適性と心構え、資格の取得方法、就職の実際他］

★★★

29 小学校教諭になるには

森川輝紀・山田恵吾著

❶子どもたちのかけがえのない日々
❷小学校教諭の世界［教師の歴史、小学校の組織とそこで働く人たち、一年間の仕事、一日の仕事、給与他］
❸なるにはコース［心構え、教員免許をとるために、教壇に立つには］

★★★

84 日本語教師になるには

益田美樹（ジャーナリスト）著

❶日本の文化と言語を世界へ！
❷日本語教師の世界［日本語教師とは、成り立ちと歴史、日本語教師の役割、仕事内容、職場、勤務状況と給与他］
❸なるにはコース［適性と心構え、日本語教師へのキャリアパス、就職他］

★★★

89 中学校・高校教師になるには

森川輝紀（福山市立大学教育学部教授）編著

❶生徒とともに学び続ける
❷中学校・高校教師の世界［中学校教師の職場と仕事、高校教師の１年間の仕事、実技系教師、給与他］
❸なるにはコース［心構え、資格を取るには、教壇に立つには］

☆

補巻 25 教育業界で働く

三井綾子（教育ライター）著

❶教育業界って何だろう
❷学力や受験にかかわる仕事［進学塾、個別指導塾、通信教育講座、オンライン学習サービス、プログラミング教室他］
❸幼児や社会人の教育にかかわる仕事［英会話教室、資格学校、教育研修コンサルタント他］

★★★

66 特別支援学校教諭になるには

松矢勝宏（東京学芸大学名誉教授）・宮崎英憲・高野聡子編著

❶特別支援学校ってどんなところ？
❷特別支援学校教諭の世界［障害のある子どものための学校教育の歴史他］
❸なるにはコース［適性と心構え、必要な教員免許状、養成機関、採用・就職］

★★★

☆☆☆…1600円　★★★…1500円　☆☆…1300円　★★…1270円　☆…1200円　★…1170円（税別価格）

10 通訳者・通訳ガイドになるには
鑓田浩章(エディトリアルディレクター)著

❶日本と世界の懸け橋として
❷通訳者・通訳ガイドの世界［通訳者の誕生から現在まで、通訳者・通訳ガイドが活躍する現場、生活と収入、将来性］
❸なるにはコース［適性と心構え、通訳者への道、通訳関連の資格について他］
★★★

142 観光ガイドになるには
中村正人(ジャーナリスト)著

❶"おもてなし"の心をもって
❷通訳案内士の世界［観光ガイドを取り巻く世界、通訳案内士とは、生活と収入、通訳案内士になるには他］
❸添乗員の世界［添乗員とは、添乗員の仕事、生活と収入、添乗員になるには他］
☆

61 社会福祉士・精神保健福祉士になるには
田中英樹(東京通信大学教授)・菱沼幹男(日本社会事業大学准教授)著

❶支援の手を差し伸べる
❷社会福祉士の世界［現場と仕事、生活と収入・将来性、なるにはコース］
❸精神保健福祉士の世界［現場と仕事、生活と収入・将来性、なるにはコース］
★★★

100 介護福祉士になるには
渡辺裕美(東洋大学教授)編著

❶利用者の生活を支える
❷介護福祉士の世界［社会福祉とは、介護福祉士の誕生から現在まで、活躍する現場と仕事、生活と収入、将来性他］
❸なるにはコース［適性と心構え、介護福祉士への道のり、就職の実際他］
★★★

補巻 24 福祉業界で働く
戸田恭子(フリーライター)著

❶まずは福祉業界を学ぼう
❷日常生活をサポートする福祉の仕事
❸さまざまな相談に応じる福祉の仕事
❹身体機能の回復を図る福祉の仕事
❺健康管理・病気予防のために働く福祉の仕事
❻まだまだある福祉の仕事
★★★

65 地方公務員になるには
井上繁(元常磐大学教授)編著

❶地域のために
❷地方公務員の世界［地方公務員とは、地方公務員の職場・組織、さまざまな地方公務員、生活と収入、将来］
❸なるにはコース［適性と心構え、試験の概要、就職の実際］
☆

20 国家公務員になるには
井上繁(元常磐大学教授)編著

❶国民全体の奉仕者として
❷国家公務員の世界［国家公務員とは、国家公務員の特殊性、役所の機構と業務、生活と収入他］
❸なるにはコース［適性と心構え、なるための道のり、試験の概要他］
☆

83 国際公務員になるには
横山和子(東洋学園大学特任教授)著

❶世界の平和と安全に取り組む国際公務員
❷国際公務員の世界［日本と国連とのかかわり、国連・国際機関の組織と仕組み、職場と仕事、生活と収入、将来性］
❸なるにはコース［適性と心構え、国際公務員への道のり、なるための準備］
★★★

23 外交官になるには
飯島一孝(元毎日新聞社編集委員)著

❶外交の最前線を担う！
❷外交官の世界［外交とは、日本の外交、外務省の歴史、外務省の組織、在外公館、生活と収入、外交官のこれから他］
❸なるにはコース［適性と心構え、採用試験、研修制度］
★★★

51 青年海外協力隊員になるには
益田美樹(ジャーナリスト)著

❶自分の技術と経験を活かす青年海外協力隊員
❷青年海外協力隊員の世界［青年海外協力隊とは、青年海外協力隊の歴史、社会的意義と役割、選考と試験他］
❸ほかにもある海外協力［国連組織で働く、民間で行う支援］
★★★

【なるにはBOOKS】ラインナップ 税別価格 1170円～1700円

1 パイロット
2 客室乗務員
3 ファッションデザイナー
4 冒険家
5 美容師・理容師
6 アナウンサー
7 マンガ家
8 船長・機関長
9 映画監督
10 通訳者・通訳ガイド
11 グラフィックデザイナー
12 医師
13 看護師
14 料理人
15 俳優
16 保育士
17 ジャーナリスト
18 エンジニア
19 司書
20 国家公務員
21 弁護士
22 工芸家
23 外交官
24 コンピュータ技術者
25 自動車整備士
26 鉄道員
27 学術研究者(人文・社会科学系)
28 公認会計士
29 小学校教諭
30 音楽家
31 フォトグラファー
32 建築技術者
33 作家
34 管理栄養士・栄養士
35 販売員・ファッションアドバイザー
36 政治家
37 環境専門家
38 印刷技術者
39 美術家
40 弁理士
41 編集者
42 陶芸家
43 秘書
44 商社マン
45 漁師
46 農業者
47 歯科衛生士・歯科技工士
48 警察官
49 伝統芸能家
50 鍼灸師・マッサージ師
51 青年海外協力隊員
52 広告マン
53 声優
54 スタイリスト
55 不動産鑑定士・宅地建物取引士
56 幼稚園教諭
57 ツアーコンダクター
58 薬剤師
59 インテリアコーディネーター
60 スポーツインストラクター
61 社会福祉士・精神保健福祉士
62 中小企業診断士
63 社会保険労務士
64 旅行業務取扱管理者
65 地方公務員
66 特別支援学校教諭
67 理学療法士
68 獣医師
69 インダストリアルデザイナー
70 グリーンコーディネーター
71 映像技術者
72 棋士
73 自然保護レンジャー
74 力士
75 宗教家
76 CGクリエータ
77 サイエンティスト
78 イベントプロデューサー
79 パン屋さん
80 翻訳家
81 臨床心理士
82 モデル
83 国際公務員
84 日本語教師
85 落語家
86 歯科医師
87 ホテルマン
88 消防官
89 中学校・高校教師
90 動物看護師
91 ドッグトレーナー・犬の訓練士
92 動物園飼育員・水族館飼育員
93 フードコーディネーター
94 シナリオライター・放送作家
95 ソムリエ・バーテンダー
96 お笑いタレント
97 作業療法士
98 通関士
99 杜氏
100 介護福祉士
101 ゲームクリエータ
102 マルチメディアクリエータ
103 ウェブクリエータ
104 花屋さん
105 保健師・養護教諭
106 税理士
107 司法書士
108 行政書士
109 宇宙飛行士
110 学芸員
111 アニメクリエータ
112 臨床検査技師
113 言語聴覚士
114 自衛官
115 ダンサー
116 ジョッキー・調教師
117 プロゴルファー
118 カフェオーナー・カフェスタッフ・バリスタ
119 イラストレーター
120 プロサッカー選手
121 海上保安官
122 競輪選手
123 建築家
124 おもちゃクリエータ
125 音響技術者
126 ロボット技術者
127 ブライダルコーディネーター
128 ミュージシャン
129 ケアマネジャー
130 検察官
131 レーシングドライバー
132 裁判官
133 プロ野球選手
134 パティシエ
135 ライター
136 トリマー
137 ネイリスト
138 社会起業家
139 絵本作家
140 銀行員
141 警備員・セキュリティスタッフ
142 観光ガイド
143 理系学術研究者
144 気象予報士・予報官
145 ビルメンテナンススタッフ
146 義肢装具士
147 助産師
148 グランドスタッフ
149 診療放射線技師
150 視能訓練士
151 バイオ技術者・研究者
152 救急救命士
153 臨床工学技士
154 講談師・浪曲師
155 AIエンジニア
156 アプリケーションエンジニア
157 土木技術者
158 化学技術者・研究者
159 航空宇宙エンジニア
160 医療事務スタッフ
学部調べ 看護学部・保健医療学部
学部調べ 理学部・理工学部
学部調べ 社会学部・観光学部
学部調べ 文学部
学部調べ 工学部
学部調べ 法学部
学部調べ 教育学部
学部調べ 医学部
学部調べ 経営学部・商学部
学部調べ 獣医学部
学部調べ 栄養学部
学部調べ 外国語学部
学部調べ 環境学部
学部調べ 教養学部
学部調べ 薬学部
学部調べ 国際学部
学部調べ 経済学部
学部調べ 農学部
学部調べ 社会福祉学部
学部調べ 歯学部
学部調べ 人間科学部
学部調べ 生活科学部・家政学部
学部調べ 芸術学部
学部調べ 情報学部
学部調べ 体育学部・スポーツ科学部
学部調べ 音楽学部
学部調べ 心理学部

―― 以降続刊 ――

※一部品切・改訂中です。

2023.10.